# 바람의 변주곡

김연덕 제2시집

김연덕 제2시집

# 바람의 변주곡

모던포엠
MODERN POEMS

# 저자의 말

## 바람의 변주곡

살아가면서 누구나 연주하는 인생의 선율!
수많은 파곡음과 몽환의 소리 그리고 혼돈의 굉음!
모두 바람이 연주하는 변주곡이다.

타악이거나 현악이거나 관악이거나 구분은 없고
어느 순간 사랑, 그리움, 추억, 향기, 회한, 탄식, 속죄 등으로
들려오는 바람의 음률!

어떤 때는 아피아체레(a, piacere) 자유롭게
어떤 때는 아첼레란토(accelerando) 점점 빠르게
어떤 때는 아지타트(agitato) 빠르고 격하게
어떤 때는 아파시오나토(appassionato) 열정적으로
어떤 때는 스타카티시모(stacatissimo) 짧게 끊어서
어떤 때는 카프리치오소(capriccioso) 기분 나는 대로

바람의 변주곡을 알게 된 날
바람은 우리 인생의 선율에 에피구도스 학파의 중심사상인
아타락시아(ataraxia) 행복의 필수조건, 정신적 안정을 살며시 올려놓는다.

우리 인생의 선율 위에 바람으로 다가오신 전형철 시인님께 감사드리면서
바람의 변주곡을 접하시는 모든 독자 분들께 행복이 충만하길 바란다.

2012년 8월 15일
저자 김연덕

# 차례

저자의 말 · 2

## 제1부 | 바람, 빗살무늬의 감성을 허공에 새기다.

비 오는 날 호모 사이엔스
(Homo sapieng) 감성과 만나다 · 10
꽃, 판도라상자를 연 오류를 바로잡다 · 11
매미 · 12
여울도 울지 않는 강 · 14
어떤 병동 · 15
내 운명(運命)의 가이던스(guidance)를 따라 · 16
시인, 어머니를 그리다 · 18
어울림의 단상 · 19
깨밭 풍경 · 20
달빛이 주워간 언약 · 22
꽃도 신께 기도한다 · 23
홀로 흘리는 눈물 · 24
수유 · 25
사과를 딴 이브, 무죄 · 26

인연만으로 서로 자유스러운 송가 부르네 · 28
농경의 신비 · 29
모태의 꿈길을 찾아 · 30
아버지의 영정 · 32
여행 · 33
그대 생일 · 34
난타, 거친 삶의 앙상블(Ensemble) · 35
정원에 서면 · 36
아랑酒 · 37

# 제2부 | 독백 속에 서 있으라

세지(世智)의 슬픔 • 40
겨울나무 • 41
봄은 매화 가지에서 생겨난다 • 42
나무을 닮고 싶다 • 44
민들레 단상 • 45
선향(仙鄕)으로 가고 싶어 • 46
세한지 송백 • 47
마천루를 부수다 • 48
외로움 그 홀로 앉아 있는 자리 • 49
이런 큰일 • 50
인연 • 51
어둠은 어둠으로만 있지 않는다 • 52
화가와 시인 • 53
자화상 • 54
열정 • 55

사바사바 • 56
불안의 시대 희망을 용접한다 • 57
혼찰 • 58
쓸쓸함 • 59
술, 디오니소스를 따른다 • 60
살아 있는 동안에 • 61
계단 위의 여인 • 62
난, 순을 흡입하나 역이 좋다 • 64

## 제3부 | 우주의 한 궤적으로 남고 싶다

자탄가 • 66
시인의 잠과 꿈 • 67
시로 쓰지 못한 산 • 68
부처님이 우시더라 • 69
누구나 자작하는 그리움과 풍경이 되는
사랑하나 있다 • 70
스러지지 않는 사랑, 미련이에요 • 71
님 그리움 • 72
나그네 꽃 엉겅퀴 • 73
비단숲 • 74
재회, 엘레지아코(elegiaer)설움의 곡조 • 75
미리 죽자 • 76
몰래 사랑에 널 보쌈하고 싶어 • 77
생(生) 아타락시아(atarxia)를 좇아 • 78
옅은 그리움도 아픔이 된다 • 79
끽연(喫煙), 생의 낙진(落塵) • 80

사랑, 아첼레란도(accelerando)
음률에 맞춰 • 81
서로를 바라볼수록 닮아가는
산과 우리들, 그 경외 • 82
관음의 뜨락에는 상사화 핀다 • 84
배냇 그리움 • 85
이카루스의 꿈을 꾸다 • 86
이별의 어느 터미널 • 87
3cm의 책, "사람을 이기는 법"을 흡입한
한 사내의 패전을 본다 • 88
추억 • 90

# 제4부 | 혼돈을 벗는 빛의 노래

광야에서 가련히 일어서는 들꽃을 어여삐 여기자 • 92
우렁각시 어머니 • 93
삼만 육천일 • 94
평화, 아침 고을에 꼭 온다 • 95
할머니 별점, 천문(天文) • 96
영원한 생명, 평화를 위한 기억 한 장 • 98
시대약속 • 99
시대 처방 • 100
모바일 투표 유령의 셈법 • 102
5천만둥이 탄생한 날 한민족
인류보호인종으로 선언한다 • 104
우리차례 – 애족애민가 • 106
백의의 옷자락 • 108
국회의사당 비가 • 109
상고 밝은나라를 꿈꾸다
 – 타고르가 예찬한 동방의 나라 • 110

문학, 저작이라는 자본에서 벗어나라 • 111
역사의 이랑 그 아픔 • 112
가부좌 • 113
선의와 덕의도 기부 할 때 • 114
천우제 • 115
독도 그 유랑의 눈물 • 116
소설 토지 예찬가 • 117
신 원주 예찬가 – 단가 • 118
극동의 중심 내 고향 원주
 – 서사 원주 예찬가 • 119

작품해설 | [바람의 변주곡] • 124
무욕과 탈속의 호연지기가 일궈낸 사물에 대한 긍정성
전형철 시인. 문학평론가

# 제1부

바람,
빗살무늬의 감성을
허공에 새기다.

# 비 오는 날 호모 사이엔스
# (Homo sapieng) 감성과 만나다

비 오는 날
뒷동산 잣나무 숲에서
비 내리는 모양을 보나니
곧추서서 수직으로 내리는 것이 아니라
바람의 무늬처럼 허공 쓱쓱 빗살 그리듯 내리는 것을 보았나니

비 오는 날
뒷동산 잣나무 숲에서 바라본
비 내리는 문양은
그 옛날 신석기 시대
비 오는 날, 움막에 들어가
내리는 비를 바라보며 토기에 빗살무늬를 그려 넣든
우리의 조상, 호모 사이엔스(Homo sapieng)의 몸짓이었음을 알았나니

아!
아득하게 무늬지는 생멸의 흔적
신석기시대 현생 인류의 조상, 그 빗살무늬의 감성을
나, 비 오는 날 잣나무 숲에서 마주하고 섰나니

# 꽃, 판도라상자를 연 오류를 바로잡다

태초 둥근 심장을 갖고 태어나
꽃처럼 즐겁게 살았으나
엄청난 허상의 욕망에 사로잡혀
판도라의 상자를 열었나니
판도라의 상자를 연 순간부터
둥근 심장의 울림을 잃고
사각의 심장을 갖게 된 우리는
사각의 불안에 떨게 되었다

판도라의 상자를 열고
미망을 훔쳐 본 오류를
꽃을 보며 서서히 떨치며
사각의 심장을 다듬어
다시 둥근 아가페의 심장으로 회생을 한 것이니
꽃을 보고 마음 움직이는 이 있다면
아가페의 심장을 다시 회복한 것이리

# 매미

태풍이 지나간 후 맑은 기운 가득한 참나무 숲
나뭇잎 쌓여 덮어놓은 흑암의 세월 속
7년 동안 잠을 자다 깬 몽환의 떨림
깨어난 기쁨인지 지난 세월 땅속에서 아족거린 서러움인지
지난 세월 정 굶주린 애달픔인지
맑은 하늘 겹눈으로 흘겨 볼 수라도 있음의 황홀함인지
찰나의 불멸에 감사함인지

쓰트름 쓰름 쓰름
쓰트름 쓰름 쓰름

참나무 가지에 세로 붙어 아날로지로 우는 속내
떨리는 울음 순한 음률로 눈물이 된다
회색빛 도시에선 근린 해치는 악음, 울음도 아니라며 소음이라고 하나
숲 속에서는 소천, 생명의 살아있음을 찬양하는 노래 순음악이니
그 노래 나도 따라 부르는 날
아득한 옛날에서 들려오듯 신비하고 오늘에 울어 벅차기도 하고
죽어 갈 내일을 예비한 듯 애달프기도 하여 나도 따라 운다

줄기차게 비 내리는 날, 날 수 없어 나락에서 떨던 두려움
차디차게 얼어가는 낙엽 쌓인 땅속에서 떨던 절망
7년을 참고 견뎌온 인고의 시간 뉘라서 울지 않겠느냐
다시는 세로 붙어 울 수조차 없는 찰나의 울음소리

쓰르름 쓰름 쓰름
쓰르름 쓰름 쓰름

나도 따라 세상 한구석에 홀로 붙어 살아 있는 날
서러워 아날로지 속내로 운다

## 여울도 울지 않는 강

물꼬를 대려는 촌부
장화를 신고 논두렁에 서서
거북등처럼 갈라져 도드라진
마른 논바닥을 바라보다
굽은 등 꾸부정한 허리
관절 앓는 무릎에 힘을 주어 강둑으로 오른다

논배미 옆 마른 강바닥
고인 물까지 없어
햇빛 데인 자갈만 가득하고
바람에 이리저리 흩날리는 몽개
여울마저 울지 않는 강

촌부는 삽을 내려놓고 주저앉아
쩍쩍 갈라진 성 큰 손으로 눈을 비비며 울고 있는데
바람이 왜 우느냐 물으니
누가 들을세라 돌아서서 혼자 말하네

눈에 마른 몽개가 들어가 비볐을 뿐이라고

여울이 울어야 비가 오는데
이젠 여울도 울지 않아
내가 잠시 울었나 보라고

\* 몽개 ~ 강가에 쌓인 모래보다 작은 흙

# 어떤 병동

욕망이 가득한 자들이 마지막 입원하는 병원
가슴에 까만 색깔만 지니면 격리되는 어떤 병동
예약도 되지 않고 특진도 되지 않는 그런 특별한 곳
그 어떤 병동에선 링거를 꽂고 호흡기를 달아 놓아도
치료되지 않는 이기에 찌든 불치병자들이 누워 있다

치사량을 넘도록 삼켜 가득 쌓인 탐욕의 무한 마일리지와
아주 치명적인 수치까지 한껏 올라가 메스를 댈 수 없는 특별환자들
덜어냄을 수혈하고 나눔의 무통주사를 처방해도 이젠 소용이 없다

탐욕과 이기는 격리된다는 프로이트의 지적은 없었다며
환자복도 입지 않은 그런 환자들
어떤 병동에선 이런 특별환자들의 가쁜 숨소리와 신음 소리가 들려와도
아무런 처방이나 시술도 할 수 없는 상태

결국 어떤 병동에서는
과욕과 반칙을 삼킨 특별환자들이 링거와 호흡기를 뽑아내고
스스로 뽀얀 연기와 가루가 된다, 흔적 없이
그 흔한 눈물 애처로움도 없이

# 내 운명(運命)의 가이던스(guidance)를 따라

살아오다, 문득 생각해보니
한 해가 가고 또 한해가 지나가고
벌써 내가 서있는 시간의 자리는
어느덧 눈 내리는 겨울, 창 밖 그 겨울 속에
한 사내가 홀로 서서 떨고 있으니
봄의 향연 청춘의 푸른 숨을 쉬었고
한여름의 열정 그 뜨거운 심장으로 당당했으며
가을의 분주함 바삐 바쁜 가을바람처럼 거닐며
겨울의 침착 동안(冬安)에 들기 위해
지난날 가슴 속 습곡 된
죄악의 장막을 다 걷어내지도 못했는데
어느덧 한겨울 속에서
오들오들 떨고 있는 한 사내, 바로 나이니
봄날의 향연 청춘의 거친 푸른 숨과
한여름의 열정 넘쳐나고 잡초처럼 쑥쑥 자라던 당당함과
가을의 분주함 바삐 바쁜 가을바람 같은 시간
거칠게 습곡 된 가슴 장막을 걷어내지도 못한 채
지층처럼 쌓여있는 기억 저편
세월의 배를 타고 겨울 숲에 들어와
홀로 떨고 있는 것이다

겨울 속에 듦은 인생의 절정. 이미 숙명
겨울 속에 듦은 삭풍에 의연한 나무를 닮으라 함이며
새록새록 내리는 한 송이 눈
솜털처럼 가볍게 내려 쉬이 녹으라 함이니
내 모든 길흉화복, 이미 정해진 운명
천간을 오가는 야윈 생명의 길이니
운명(運命), 이미 정해진 가이던스(guidance)를 따라
그저 가라 함이니

# 시인, 어머니를 그리다

어머니는 나를 배어 시집을 읽으셨고
깨알 같은 시어들을 탯줄로 먹이며 열 달을 지내셨고
태어나서도 가나다라마바사 가갸거겨고교구기
모음 자음으로 자장가를 부르셨다 했다

어머니가 뱃속에서 먹여주신 시어들
태어나서 부르셨던 자장가 훈민정음
나를 단정케 했으며 책을 많이 읽고 밥은 조금 먹게 했으니
시는 많이 쓰고 밥은 조금 먹는 배고픈 시인이 되어 어머니를 낭송하고 있다

시인
반듯하지 않으면 읽지 않고
곱지 않으면 쓰지 않고
이마저도 애달퍼 늘 어머니를 그리워한다

## 어울림의 단상

엉킴
서로가 서로를
옳고 그름 시시비비로
경쟁하고 헐뜯어 엉키고 굳어
모두 겨울처럼 꽁꽁 얼어버린 가슴들
한겨울 모진추위에 얼어버렸던 동토가
봄을 맞아 얼음 풀리고 땅이 풀리고 꽃을 피우는 것을 보라

풀림
풀림이란
엉켜져 있거나 굳어져 있는 것
우리들 세상에 각이 져있거나
엉켜진 모든 것을 되돌리는 숭고한 실행
봄날에 얼음이 풀리 듯
한겨울의 모든 엉킴과 굳어져 있는 것들이
모두 녹아내리는 것

풀림이란
서로를 의지하고 서로를 격려하고
서로에게 감사하며 날마다
응어리진 모든 것들을 삭혀가는 것
풀림은 흩어져 없어져 버리는 것이 아니라
오히려 풀어서 이어가고 엮어가는
기쁨의 마음, 낮춤의 미학이라

# 깨밭 풍경

잎새 위
깻망아지 한 마리
잎새 뒤
애벌레 한 마리

잎새 끝
이슬 한 방울
깻잎 밭 가득
후끈한 열기

깻잎 밭 한가운데
헝클어진 머리
동네 할머니
느린 풀매기

잎새 가득 벌레 먹은 구멍
듬성듬성 허방마다
하늘 풍덩 담겨 있고
구름 한 점 둥실 바람 한줄기 분다

깻잎 하나에도 흔적이
깻잎 하나에도 풍경이
깨밭 가득
아름다운 생존

깨밭 온통
생존의 춤판
깨밭 가득
생명의 공존

## 달빛이 주워간 언약

우리가 앉아 있었던 젊은 날 그 자리
두 손을 꼭 잡고 맺은 언약
기약없는 이별로만 남아
달빛만 어스름한 그림자로 남았을 뿐

수소문도 되지 않는 젊은 날의 언약
살며 잊지는 못했느니
바람에 흩날린 언약, 달빛이 가여워서 주워갔다

살만큼 산 날 어스름하게나마 다시 비춰주고 있는 듯하여
살아있는 날 이제 살만큼 살다 죽어지는 날까지
달빛, 님 뵈온 듯 하오리니

# 꽃도 신께 기도한다

꽃에도 이성이 있다
그리하여 신도 있다, 태양신
꽃송이 가득 꿀과 꽃가루를 가득 담은 기운
천지에 꽃향기를 내뿜는 생존
하늘로 펼치는 향기 기도가 되고
순환의 기운이 되어 생동하는 것
바로 꽃의 태양신에 대한 유일한 기도다

소멸하지만 생동하고
말하지 않지만 침묵으로 크게 펼쳐놓는
신을 향해 생존의 기도
만개를 방종하지 않는 자세와 소박한 향기로
신께 기도하고 있는 것이다

집회하지 않고 제단을 만들지 않지만
침묵과 향기로 바치는 성스런 제례
면면히 살펴보고 낱낱이 밝혀보면
꽃들의 태양에 대한 우러름은
화향을 피우고 바치는
순결하고 고귀한 고개 숙임의 기도이다

# 홀로 흘리는 눈물

홀로 흘리는 눈물은 그리움밖에 없느니
사랑하기까지는 너도 설랬고 나도 설랬다
사랑을 하면서는 너도 기쁘고 나도 기쁘다 했고
헤어짐을 앞에 두고 너도 슬프고 나도 슬프다 했다
이별한 후 너도 아프다 했고 나도 아프다 했으며
세월이 흐른 후에는 너도 그립고 나도 그립다 한다

사랑이란 함께하면 설레고 기쁘고
사랑이란 홀로이면 슬프고 아프고
사랑이란 옥빛 꿈길이지만
그리움은 이별보다 아픈 눈물
그리움은 늘 품고 있어도 서로 홀로이고
늘 홀로 눈물 흘리는 것이기에 이별보다 더 아픈 애닮픔

서로이지만
홀로 흘리는 아픈 눈물
그것은 그리움
홀로 흘리는 눈물은
그리움밖에 없느니

# 수유

장마가 지나간 후 쑥쑥 올라오는 들판
멀리서 봐도 내 눈높이보다 낮았던 들판
내 바라봄 앞까지 쑥. 자랐어
자세히 보니 들풀이었어
아, 장마는 높은 들판은 할퀴어 허물지만
낮은 곳 굶주린 들판에 배급을 주었어
아, 배급이었구나 주루룩 고른 배급
들판 낮은 곳에서 굶주려
웅크리고 있던 잡초, 들풀들에게
배급을 주고 간 게야
낮은 곳에서 굶주린 자 보살피는 사회복지협의회처럼
그리하여 낮아서 굶주린 들판
내 눈높이만큼 쑥 크게 한 게야
배급을 주고 간 거야
생존을 주고 한 세상을 주고 수유를 한 거지
부끄럼 없이 말이지
낮은 곳, 낮은 곳에 말이지

# 사과를 딴 이브, 무죄

에덴동산에 갔네
이브가 사과를 따서 아담에게 주었고
아담이 받아 거의 다 먹고 난 다음 버리자
이브는 그제서 아담이 먹다 버린
남은 사과를 주어 씨앗까지 먹고 있었네
이브는 사과를 땄지만 아담이 먹고 버렸을 때
아! 이브는 뱀의 유혹이 아니라
새 생명 우리를 잉태한 배
생명이 배 안에 있어 우리를 연명케 하기 위해
사과를 따서 먼저 먹지도 않고
지아비 아담에게 먼저 줘 아담이 먹다 버리자
그제서 남은 사과를 주워 씨앗까지 먹고 있었네
이브가 사과를 훔친 죄보다
새 생명을 잉태한 이브의 배고픔을 잊고
사과를 거의 다 먹어 버린 아담의 죄가 더 큰 죄이니
이브가 사과를 딴 건 무죄
이브는 오늘날의 여인들
아담은 오늘날의 남자들
잉태된 생명, 오늘날의 자식들

난 아담의 후손으로
에덴동산에 갔다가 알았네
우리들의 어머니 이브는
뱀의 유혹에 넘어간 것이 아니라
새 생명을 잉태한 배 그 애처롭고 주린 배
새 생명 우리와 지아비를 위해
모성으로 사과를 따고 지아비 아담에게 먹인 후
이브 저 자신은 정작 지아비가 먹다 버린
사과를 주워 먹는 희생
뱀의 유혹에 넘어간 이브가 아니며
이브는 오늘날 우리들의 어머니
이브는 오늘날 우리들의 여인
이브의 요사함을 오늘날까지 말하면
그 말 함 자체가 또 다른 죄악이며
모성에 대한 모독이고
우리 자신에 대한 모멸임을
그리하여 사과를 딴 이브의 죄
완전무죄

# 인연만으로 서로 자유스러운 송가 부르네

눈빛만 마주쳐도 스침이요
옷자락만 스쳐가도 인연이라
눈빛을 마주치고 옷자락을 스치면서
만남을 연주하니 함께 뛰는 심장 더 할 수 없는 행복이라

서로 구애됨 없이
아드 리비툼(ad libitum)
자유스러운 송가부르니
우리 모습 곱고 우리 가슴 품이 넓음이라

인연 속에 우리 모두
만남으로 우리 함께
하늘나라 꿈길 행복, 이 땅에서 누리나니
서로 사귀어 정다웁고 서로 바라보아 정갈한 벗

서로서로
밝고 밝아
묘하고 신기하여
미리 누린 한판 높이 꿈결 같은 행복되네

## 농경의 신비

농촌은 참 고단하더라
밭과 논을 일구는 농경의 일상
농부들은 육신도 힘들고
애간장까지 태우더라
농경의 일상 속엔
흙에 긁힌 성근 손
농약에 말라가는 입술
땀에 젖은 등어리
뙤약볕의 땀띠
지끈거리는 잔등
모두 농주 한두 사발로 버티는 안간힘

자세히 보면 참 농경의 일상은 넉넉하더라
눈 내리는 평온과 구들장
콩과 벼를 거두는 기쁨
농부들에게서는
고단함도 애간장도 안간힘도
모두 묵묵한 웃음으로 없어지더라
그윽한 미소 주름 되어 늙어가지만
농경의 일상
들판의 황혼처럼 붉게 붉게 황홀하더라
참 농경의 일상 신비하더라

## 모태의 꿈길을 찾아

모태에서 태어나면서부터
세상을 보려 눈을 뜨고
젖을 빨고 밥을 먹으며
말을 하려 입을 열었다

소리를 들으려 귀를 세웠고
얼굴은 항상 웃고 찡그리려 하지 않았으며
세상에 나서기 위해 마음을 열고
의를 행하기 위해 생각은 늘 희망으로 채웠다

부는 바람과 추위 말라리아를 앓으면서도
온몸으로 몸부림치며 살아나 비웃음에 대항하고
비겁함에 참지 않고 노여움도 키웠으나 이제 다 부질없는 것

신중하지 못하기 때문에 눈은 있으나 보지 않을 것이고
실언의 아둔함이 의도하지 않는 파멸을 부르기 때문에
입이 있어도 말하지 않겠으며
치우침 때문에 귀가 있으되 듣지 않고
이치를 분별하지 못하기 때문에 얼굴은 있으나 웃지 않으리

욕심과 욕망 때문에 마음도 있으나 굳게 닫았고
허망함 때문에 희망을 더 이상 쫓지 않고
옹졸하기 때문에 의로움이 가슴속에 들끓어도
더 이상 분노를 키우지 않겠으며
온몸 부는 바람에도 몸부림치지 않으며
초목처럼 그냥 흔들리리라

도리와 어울림을 깨우치지 못한 자학이며 혼동
아니 모든 것을 내어놓으려는 용기다

두렵고 영원한 필연의 꿈길
생명의 고향 모태
생명을 얻은 그날부터 나에게 전해진 36.5°의 피
이제 어머니 아랫배의 따스한 온기 그 따스함조차 버리고
차디차지만 역시 모태 같은 땅
땅에 누울 꿈 모태의 꿈길 필연에 묶인 몸
그저 영혼마저 버리리

## 아버지의 영정

내 마음엔 지금까지
아버지께서 만드신 앞마당에 둥근 꽃밭이 펼쳐 있다
아버지가 만드신 둥근 꽃밭
그 가장자리엔 언제나 채송화가 있었고
벌나비가 윙윙거리며 바삐 움직였다
채송화는 그렇게 둥근 꽃밭 가장 낮은 자리에서
제가 자랄 만큼의 땅만 차지하고 피고 또 피었으며
꽃이 여물면 까만 씨앗을 꽃집 속에 가득 담고 스러져 버렸다

채송화 작은 꽃집 속 수많은 꽃씨들
채송화 꽃씨들을 비벼 후후 분 후 까불러
손바닥 가득 담아 공책 뒷장을 쭉 찢어 정성스럽게 담아 아버지께 드렸고
그것을 받아드신 아버지는 채송화처럼 웃으셨다
아버지가 돌아가신 지금 내 가슴속엔 무수한 채송화가 피어 웃고 있고
새까만 채송화 꽃씨를 따서 담듯 아버지 모습
수많은 씨앗이 되어 영정으로 남아 피고 있다

# 여행

외로움을 느끼는 마음이 떠나는
밝힐 수 없는 여행 무작정 떠나는 일탈
자신의 떨리는 마음을 들판 풍경에 매어두려
길을 떠나는 외로움의 자각 신호
말하지 않아도 여로에서
마음의 덩어리를 뚝뚝 풍경 속에 떨구어 놓고
돌아오기만 해도 사라지는
겨웁던 생의 낡은 에너지(energy) 숨기기
여행 중 풍경 속에 뚝뚝 떨궈 놓은
외로움의 크기나 양이나 모양이나 두께는
누구나 밝힐 수 없는 비밀
여행은 비밀

## 그대 생일

번성의 영속 복된 인연의 상징
가장 존귀한 움푹 패인 우리 배꼽
효로 깨끗이 하고 섬김으로 정결히 할 때
후회 없는 인생이 되는 것

생일이라 내가 미역국을 먹는 것이 아니라
부모님이 미역국을 드셔야 하며
생일이라 나도 축하 받되 꽃다발은 부모님의 가슴에 안겨드려
꽃향기 맡으시게 해야 할 일
사리 밝게 살아 조상 기쁘게 하고
지혜롭고 기쁘게 살아 자식에게도 기쁨 이어나가게 하는 일

이미 본래 탯줄을 끊는 순간
우리 모두 부모님이 작명하며 빌었나니
이름을 갖은 그대 기쁨, 모두 부모님의 몫
축배들되 한 잔은 부모님께 올리고
축하노래 부르되 한 곡은 부모님께 들려주며
기쁨의 춤을 추되 한사위는 부모님 앞에서 추어
번성 이어가는 영속 경배하라

# 난타, 거친 삶의 앙상블(Ensemble)

우리들이 살아오면서 세월 속에서 익힌 소리음 난타
둥근 심장이 답답하거나 울적해질 때
여럿이 한덩어리로 한판 벌이는 안태(安泰)의 음률
거친 삶이 만들어 빚고 지친 삶이 빚어내
어깨 들썩케 하는 비언어적 소리극, 앙상블(Ensemble)
규칙이 연속되는 휘모리 두드림 가슴 차분케 하고
비규칙도 정연해 낮은 음률 가슴 벌렁거림도 고요케 한다
나무와 돌과 가죽 쇳덩이까지 드라마틱한 중주
난타가 풀어헤치는 인생. 우린 난타를 들으며
인생에 심취하고 인생에 감동하고
인생에 환호하고 인생 앞에 숙연해한다
우리가 거친 삶을 살면서
타악 . 난타라는 거친 삶의 앙상블(Ensemble)을 품어
평온에 눕는 안온(安穩)함
누구나 사유하며 사는 우리들
비언어적 소리극 난타처럼 인생, 옹송옹송 난타하며
저마다 우러르고 어울려 중주 되어 사는 것이다

## 정원에 서면

정원에 서면 푸른 별빛들이 반짝이고
깊고 푸른 눈빛 가장 빛나는 별 하나
긴 꼬리를 물고 별똥별 되어 마당으로 쏟아져 내린다
정원에 서면 뒷동산 소쩍새 울고
앞산 숲 속 뻐꾸기 울다 밤이 깊으면
내 귓전에 누워 잠을 잔다
정원에 서면 어둠이 내린 잔디밭에
그리움 까맣게 깔려 고즈넉하고
잠자는 꽃 그리움을 움켜잡은 듯 접혀 서서 잔다

밤새 반짝이다 긴 꼬리를 달고 쏟아지는 별똥별, 유성
밤새 울다 지친 듯 내 귓전에서 잠을 자는 소쩍새와 뻐꾸기, 침묵
밤새 접혀서 꽃잎 움켜잡고 서서 자는 꽃, 꽃잠

밤마다 정원에서면 우리에게 다가오는 그리움들
정원에 서면 우리 품으로 쏟아지는 그리움
정원에 서면 우리 품으로 들려오다 침묵하는 그리움
정원에 서면 그리움을 움켜잡고 서서 자는 꽃처럼 우리도 꽃잠을 잔다

# 아랑酒

아주 먼 아래(일찍)
에덴동산에 살던 이브가
금기의 과실 선악과를 따먹고
에덴동산 그 아래 세상으로 쫓겨났느니
조금 전, 들꽃동산에 살던 노랑나비가
과욕의 향유, 꿀. 밀월 아랑주을 너무 마셔
들꽃동산 다시 날지 못하고 누워 아랑아랑 돌고 있나니

에덴동산에서 쫓겨난 이브의 욕망
들꽃동산에서 날지 못하는 노랑나비의 과욕
이브의 후손인 나도 에덴동산의 내력은 잘모르지만
들꽃동산에서 아래 주저앉음으로
더 이상 날지 못하는 배부른 노랑나비 아랑주 주정을 보며
생의 덜어냄과 만족을 느끼는 겸허함을 배우나니

# 제2부

## 독백 속에 서 있으라

# 세지(世智)의 슬픔

착히
여리게
여위어 가면서
애끓게 살면 쉬이 스러지고

욱
독하게
모질게 세상을 겨누면서
악하게 굴면 질기게 산다는 속설
세지(世智)의 슬픔이라

착히 여리게
여위어 가면서 애끓게 살면 쉬이 스러진다는 것은
천당은 멀고 오르기 어려워
착히 살다 빨리 스러지는 생명에 대한 구함이며

욱 독하고 모질게 세상을 겨누면서
악하게 굴면 질기게 산다는 것은
지옥은 가까워 가기 십상이고 빠지기 쉬워
질기고 악하게 오래살은 생명에 대한 벌함이니

그릇된 속설과 같은
우리네 인생사
바로 세지(世智)의 슬픔이라

# 겨울나무

하늘을 향해 생명을 간구 하는 듯
온몸을 내어 맡긴 겨울나무 한 그루
어찌하다 깊은 산속 언덕
다른 나무 한 그루 없는 곳에
긴 세월 그렇게 자리 잡고 있는지
그 또한 나무 자신은 모르리

몸뚱어리와 가지들이 추위에 당당하듯
겨울나무는 자신의 시원을 알려 하지 않고
세상 속 나처럼 서 있다
그 자리에서 바람이 불면 바람을
서리 오면 서리를
눈이 오면 눈을 맞으며
겨우내 그리 서 있는 것이다
새봄 진한 연두색 잎새
세상에 유용한 내어줌을 위해
굳건한 모습으로 겨울 지켜내고 있는 것이다

사실상 이 땅 먼저 온 주인임에도
자만하지 않는 모습으로
이기적인 포유류들의 생명까지 지켜내는 값진 베풂
바로 온 세상에 베푸는
이타적 생명의 고귀한 의연함인 것이다

# 봄은 매화 가지에서 생겨난다

섬강이 펼쳐놓은 무장뜰
소군산이 살펴 이룬 산현
노래하는 새를 품은 매호
용처럼 승천할 듯 이루어진 용곡
서로 어울려 정겨웁고
두둥실 매향으로 생동하는 매향골

무장뜰 섬강물 녹아 흐르고
소군산 서풍 산현을 스칠 때
매호리엔 새들이 지저귀며 봄을 노래하고
용곡엔 폭신한 봄꿈 골짜기마다 가득하다

저 멀리 신평에서 남풍 불고
두둥실 떠 있는 흰구름 하우고개 넘으니
무장, 산현, 매호, 용곡으로 하나 된 매향골엔
하늘에서 내려온 듯 고운 매화
뽈록뽈록 봉오리를 터뜨려
소르륵 피어난 매화 지천에 만발한 우아한 자태
봄은 매향골 매화 가지에서 생겨난다

매향골 사람들의 순박함은 하얀 꽃으로 피고
매향골 사람들의 수줍음은 분홍색 꽃으로 피며
매화의 자태
매화의 품격
매화의 고움
매화의 살풋함
매화의 감미로운 향기
매화에 반해
매향에 취해
매향골 사람들 가슴
가슴마다 봄꿈
지난겨울을 잊고 봄을 맞는다
매향골 사람들 가슴 가득
매향을 품어 꿈의 동리 이루고
선량의 터!
선량의 땅!
매향골 사람들
매향으로 어우러져 영원히 복되다


※현재 시인이 살고 있는 곳 : 원주 매화마을

## 나무을 닮고 싶다

나무들이 자라는 것은
제자리를 지켜내는
값진 숙명의 생명이 깃든 여행

바람에 흔들려도 숨가쁘지 않는
온유한 움직임으로 생을 지켜내는
욕심 없는 영혼의 여행

줄기는 자신들을 품어주는 하늘로
뿌리는 자신들이 돌아가야 할 붙임의 땅으로
씨앗 때부터 꺾임의 시간까지
변함없이 제자리에서 온유한 여행을 한다
우리도 나무처럼 탯줄을 끊는 순간부터
숨이 멈추는 소멸의 순간까지 늘 여행을 하는 것
흔들려도 제자리에서
의연하고 온유한 여행을 하는 나무를 닮고 싶다

# 민들레 단상

저녁 무렵 들판에 나갔다
멀리 석양이 지는가 했는데
어느새 어둠이 내리고
저녁 빛 사이 민들레 홀씨
오늘따라 곱기도 하고 신비롭기도 하다

봄볕에 그리도 아름다웠던
노오란 빛으로 뽐내더니
이내 나이 든 사람처럼 흰 머리
이제 지난봄의 고운 빛 벗고
홀씨로 훌쩍 떠나려는 모습
자신을 버리고 자연으로 돌아가는 순리

순명을 본다

나에겐
하얀 떨림의 미소를 내어 보이며
따라오라고 한다
너도 이제 반백이라고
너도 순리를 준비하라고
순명의 진실을 일깨워주고 있다

# 선향(仙鄕)으로 가고 싶어

환하게 밝은 세상
선향(仙鄕)으로 가는 길이 있다면
모두 어울려 발 내디뎌
선걸음으로 가고 싶어

착하게 고운 세상
선향(仙鄕)으로 가는 배 있다면
두둥실 돛 달고
노 저어 가고 싶어

명량(明亮)
환하게 밝은 세상
선걸음으로 내닫고
돛 달고 노 저어
선향(仙鄕)으로 가고 싶어

## 세한지 송백

거친 바위틈
스쳐가는 삭풍과 눈보라
추운 겨울에야 드러나는
세한지 송백

의연한 버팀으로
천년을 이어온 자태
이 세상 굽어보는
아름다운 기백

가월(佳月) 아래
벼랑 끝
세한지 송백
더욱 우뚝하다

## 마천루를 부수다

한정판매 할인과 세일
매진과 품절
쇼윈도의 비상식
절대를 말하는 판매의 폭언
구매와 소비를 농간하고 욕구를 꼬드기다
충족을 채운 후에야 기획되는 상술
자본들의 난폭
한정판매 할인과 세일
베푸는 척 자만하고
보태주는 척 경영하는 상술
구매의 유혹을 벗어나지 못하는
주린 자들의 화폐를 뜯어 모아
쌓아가는 자본의 기만
소비의 욕망을 털고
구매의 기만에서 벗어나는 그날
주린 자 우리, 우뚝 서서
소비를 깔보는 자본이 쌓아 올린 상징
마천루를 부수리

# 외로움 그 홀로 앉아 있는 자리

외로움을 느낀다는 것은
오히려 외롭지 않다는 것
외로움을 느낄 때면
깊은 혼돈의 나락 속
이미 느낄 수 없는 고독

외로움은 오히려
자신을 지켜내려는 뮈토스
신비의 영역에 듦이니
외로움이란 느낄 수 없는
또한 느껴지지도 않는
높은 의미의 고독 속
홀로 앉아 있는 자리
그 자리를 말함이라

## 이런 큰일


꽃이 피더니 흩날리고
구름도 흐르더니 흩어지고
바람도 잠시 불더니 이내 잠잠하고
비와 눈도 내리더니 그때뿐
서리도 내려앉더니 한 뼘 햇볕에 스러지나니

흩날리는 꽃잎 같은데 흩날리지 않는 이기
흩어지는 구름 같은데 흩어지지 않는 욕망
잠시 부는 바람 같은데 떠나지 않는 부자유
내리는 비와 눈 같은데 그치지 않는 노여움
서리처럼 한 뼘 햇빛에 녹을 것 같은데 녹지 않는 미움

살아온 날들의 찌꺼기 생의 허물
이렇듯 사라지지 않으니 어쩌면 좋으리
참 어찌 못하는 큰일이니
살아온 날만큼의 꿈틀거림 속에 쌓인 무능
쩍쩍 달라붙은 삶의 찌꺼기
아~~ 생의 슬러지여

# 인연

사람과 사람과의 스침이나
사람과 바람과의 스침이나
사람과 풍경과의 스침이나

사람과 사람과의 만남이나
사람과 바람과의 만남이나
사람과 풍경과의 만남이나

모두 스침과 만남으로 관계를 맺는 연
인연이란 시간같이 세월 속에 머물지 않으니
끝없이 이어지는 영속 또한 아니나니
사람과 바람, 풍경이라 할지라도
한번 스치는 순간부터
함께 세상 속에 늘여 놓은 끈일 뿐
인연이란 고리에 엮인 생을 살아가면서
저 깊은 심연까지 이어놓는 인간사 두드림의 연줄
인연이란 생을 거슬러 오르면서
누구나 원하던 원치 않던
스침과 만남으로 관계되어 이어지는 생의 긴 끈

# 어둠은 어둠으로만 있지 않는다

밤새 무슨 일이 있었네
분명 어둠이 어둠으로 있지 않고
무슨 일이 있었네

어제의 혼탁을 모두 받아 안아
오늘을 정결히 하기 위해
무슨 일이 있었네

아침까지 무로 참 거룩한 일
세상을 씻고 있었네
내 어리석은 발자국마저 반겨
세상에 안개 가득 겨웁게 뿜어내 정결하게 하는 일

새벽은 온통 씻김 굿판
혼탁을 보듬는 어둠이 씻김의 밤새움을 했다
새벽이 가득 보여주는 어둠이 해낸 허연 씻김
안개 속에선 이름 모를 새들이 지저귀며 노래하고
어둠은 저편 숲 속에서
또 하루, 오늘을 씻어 내기 위해
내일을 위한 잠을 자고 있다

# 화가와 시인

화가의 생각이 내면을 관찰하고
시인의 생각이 가슴을 관통할 때
화가가 응시하던 화선지 위에
시인이 응시하던 원고지 위에
화가는 자화상을 그리고
시인은 자화상을 쓴다
화가도 자신을 그림으로 그리고
시인도 자신을 글로 쓰는 것이다

화가의 생각이 내면을 관찰하고
시인의 생각이 가슴을 관통할 때

## 자화상

하찮은 자리
태생머리대로
살기도 역경

고난을 떨쳐내는
지혜도 없는
세상을
따라잡지 못하는 뇌

세상
끝줄에 앉아
낙서를 한다

깊은 낙서이나
얕은 문학

세상
끝자리에서
맑은 티끌이라도 되려
움찔한다

# 열정

열정
내면의 저장고
닫혀 있어서는
그냥 평범함일 뿐

땀으로
열어 제치는
실천하는 노력과
평범을 넘어서는
극한의 의지와
궁극에
이르려는
땀

수천 번의
절망을 딛고
수만 번의
좌절을 떨쳐내야
얻어지는 가치
열정이여

## 사바사바

말
글
교묘히 말하고
현란하게 쓰고
교묘한 말들이
불신을
현란한 글들이
무례를 부르는 시대

말이 교묘히
사바사바
글이 현란하게
사바사바
불신과 무례가
사바사바

사바사바한다

# 불안의 시대 희망을 용접한다

불안의 시대
가슴 속에 문학이 희망을 용접하나니
불안이 용접 불꽃 되어 튀어나가고
불꽃처럼 튀어나간 불안만큼
문학이 희망 되어 용접되고 있나니
불안이 희망으로 용접된 가슴
그 우툴두툴한 흔적, 두텁게 용접된
문학의 흔적이 희망이 되나니
불안의 시대를 사는 젊은이들을
견고케 하고 격앙케 하고, 또한 강인케 하여
문학이 불안을 희망으로 용접해 함성 지르라 함이니
그 우툴두툴한 가슴, 그 가슴으로
깃발 높이 펼쳐 나아가라 함이니

# 혼찰

기가 센 터라
동자님
신녀님
보살님
붉은 깃발이 높이 솟아 지기를 누르고
마른 대(竹)에 매달린 붉은 깃발, 솟대 되어
세상을 상세히 살피는 혼찰을 한다

약한 심신의 무리를 어여삐 여겨
영험도 보고, 효험도 보고
살게도 해주는 이끌림의 주술

가장 위대하다는 진화의 시대
혼돈의 문명 속에 살아가고 있는 우리
지금은 스스로 주술이라도 읊어 새겨야만
살아갈 수 있는 세태

가장 연약한 가슴을 가진 줄도 모르고
문명에 빠져 살아가는 혼탁한 육신들
우리를 굽어살피는 혼찰
붉은 깃발, 휘날림의 보시를
잠시
생각해봐야 할지도 모른다

# 쓸쓸함

살아오면서 인연이 되어 맺은 약속들
세월 따라 변해 기억 속에 구멍 뚫린
뼈대처럼 앙상하게 남아있다

숭숭 뚫린 기억 사이로
배신과 배반이 반목과 외면이
바람처럼 드나들어
멈추지 않는 미움이 되기도 하며
응어리진 아픔으로 남기도 한다

그 많았던 얼룩진 생의 약속들
아픔에 익숙하게 길든 상처로 남아
차가운 냉소가 되고
약속보다 더욱 큰 쓸쓸함이 자리한 아픔
형체 없는 그림자 되어 누워 있다

쓸쓸함이란
곧 삶의 무거움이니
느끼지 않아야 할 감각
쓸쓸함은 마음의 벽이며
세월 속에 넘어진 상처다

# 술, 디오니소스를 따른다

절제의 디오니소스는 존경을
광기에 사로잡힌 디오니소스는
키워준 은인들까지 해치는 패륜을

술 마시는 날 내가 마시는 술은
마음을 씻어내는 혼자만의 정결한 의식
절제의 디오니소스 존경을 따르는 술잔
술 마시는 날
내가 또다시 마시는 술은
가슴을 쓰다듬는 고요한 내면의 의식
디오니소스의 패륜을 잠시라도 이해하려는 술잔
한 잔 술로 궂은 마음 씻어내고
또 한잔 술로 쓰린 마음 쓰다듬는 목마름의 해학
그리하여 술 맛 좋은 날
내가 마시는 술은 아득하게 세상 비틀거리게 하지만
그래도 옳게 머물게 하고
거나함의 비틀거림과 풀어진 이성으로도 오히려 나를 온전케 한다

절제의 디오니소스 존경을 따르는 술잔 가득
나를 굳건하게 또한 온전케 하는 증류된
아밀라아제(Amylase)에 의해 당화된 포도당
술 맛 좋은 날
술 맛 아주 좋은 날
디오니소스와 세기를 넘어 취함으로 의기투합한다

# 살아 있는 동안에

우리가 바라는 것은 언제나 살아있다는 것
누구나 살아가는 동안 아린 영혼을 전율케 하는 독백 속에서
늘 몸서리치고 서 있어도 좋을 일이다
우리의 독백이 진한 설움이어도 좋고 아련한 회상이어도 좋고
우리의 회상이 엷은 미소로 바늘걸음 하여도 좋고
짧은 순간 문득문득 무미건조한 웃음으로 마른 가슴을 겁탈해도 좋다

살아있는 동안 성황당을 지나며
돌 하나를 던지는 낡은 기도라도 온전히 바쳐
저승길로 초대되지 않는 선택을 할 수 있는 것만 해도 좋은 일이다
인생은 저마다 꽉 채운 듯 살아 온 것 같이 기억되어도
누구에게나 얼마만큼은 비어 있는 것
아홉수라는 목숨 줄 9살부터 99살까지 아홉 굽이 열 고개
쉬이 흘러간 세월을 안타깝게 세어가며
생에 한 번 사무치도록 빌어우는 속죄

## 계단 위의 여인

순정이 있으나 순정을 드러내지 않아 부르는 이름
희망이 있으되 희망을 말하지 않아 부르는 이름
희롱이 부끄러우나 희롱을 먹고살아 부르는 이름
정숙이 있으나 정숙을 표내지 않아 부르는 이름
만남을 목숨처럼 아끼나 끝내 놓기만 하여 부르는 이름

행복한 사랑이 있으나 침묵의 사랑만 먹어 부르는 이름
슬퍼도 슬퍼도 결코 슬프게 울지 않아 부르는 이름
한없이 고와도 고운 척 조차하지 않아 부르는 이름
눈물이 가슴속까지 치밀어도 왈칵 울지 않아 부르는 이름
맑은 눈빛 별빛보다 빛나도 결코 맞추지 않아 부르는 이름

지극히 순결하나 지극한 순결 숨겨만 놓아 부르는 이름
천하지 않음에도 귀함 가슴속 갈무리하고 천함만 보여주어 부르는 이름
두 손 모아 기도하는 청순이 흘러 넘쳐도 기억 속에 감추어만 놓아 부르는 이름
위로받고 싶어도 위로를 구하지 않아 부르는 이름
처절한 감정이 있으되 처절함에 흐느끼지 않아 부르는 이름

아름다운 나눔을 꿈꾸면서도 괴로운 나눔을 피하지 않고
가슴 속 백색의 여백 순결하게 간직하였으나
높은 계단을 올라와
끝내는 타인의 욕망 아래
얕은 자리에만 눕는 생존을 선택해 부르는 이름

계단 위의 수많은 욕망의 발자국만큼
계단 위의 여인들이 쏟아낸 눈물
질척하게 흐른다
계단을 오른 욕망의 발자국들을 지우며
계단 위의 여인들이 흘린 눈물이 철철

# 난, 순을 흡입하나 역이 좋다

세상살이 이치에 순종하는 순리(順理)가 궁극이라는 것은
내가 생각하기에 알량한 가식
석가모니 예수 노자 맹자 소크라데스 아리스토텔레스의
거룩한 법 순리론(順理論)
순리(順理)를 마음속에 새기며 따르고 강물처럼 흘러 왔지만
나, 늘 허덕이게 하는 것 순리(順理)
순리(順理)을 마음에 들이니 수많은 죄악
역(逆)으로 정리해야 하는 나만의 숙청(肅淸)
나는, 역(逆)이 좋다
순리(順理)보다는 역설(逆設)에 빠져 하룻강아지로 산다
들숨이 순이라면 날숨은 역
순과 역이 반복되어 생명을 이어가는 것을 알았고
강물이 동남쪽 물길로 흐르는 것은 순
들판 풍요케 하며 북쪽으로 흐르며 응달진 들판을 풍요케 함도 역
연어가 바다로 내려가는 것은 순
다시 물길을 거슬러 오르는 것은 역
바람이 산골짜기를 훑는 것은 순
숲을 한바탕 거슬러 회오리치는 것은 역
역의 유용함을 좇는 기행
순도 좋으나 역함도 좋은 나의 역설(逆設)
세상을 순을 흡입하나 역(逆)을 지향하며 깨어있고
때론 격양(激揚)한다
내 안의 역(逆)의 깊이이다

# 제3부

우주의
한 궤적으로
남고 싶다

## 자탄가

생명을 부여받은 그날로부터
허공을 부여잡고 마신 세월 몇 날인가
아! 그리도 쉬이 떠나는가
어렵사리 살았건만 내가 이룬 세상 보람
떠도는 흰 구름만 못했는가

보내는 바, 내 인생
가눌 길 없는 비애와 슬픔 어디에 비길쏜가
스스로 터득한 무상의 삶 겨웁게 살다 지고
한 송이 꽃 되어 사륵사륵 날리누나

홀로 서서 세상 쓰임 많다 한들 무엇하리
버티어 온 세월 시름에 젖은 자리 더 많으니
누워 지는 초목처럼 그 길 가면 그만일 터

## 시인의 잠과 꿈

시인, 잠을 자면서도
세상을 노래하는 한 줄 시로 베개 삼고
시인, 꿈을 꾸면서도
세월을 감싸 안은 몇 줄 시로 이불 삼나니

시인이 베는 베개는
세상을 노래하는 한 줄 시
시인이 덮는 이불은
세월을 감싸 안은 몇 줄 시

시인은 한 줄 시로 베개 삼고
시인은 몇 줄 시로 이불 삼나니
시인의 베갯잇은 잘 다듬질 된 옥양목
시인의 이불솜은 잘 솜틀 된 목화 이불이라

시인은 한 줄 시로 육신을 베고 자고
시인은 몇 줄 시로 영혼을 덮고 꿈을 꾸나니
시인은 잠을 자면서도 세상을 노래하고
시인은 꿈을 꾸면서도 세월을 안고 있음이라

# 시로 쓰지 못한 산

바라보니 감히
시로 쓸 수 없는 산

화가의 몫이나
시인의 흉내로 그냥 썼네

시로 감히 쓸 수 없는 산
그냥 지나침이 아쉬워

화가의 몫, 허락없이 흉내 내어
일필휘지 단숨에 훔쳤네

# 부처님이 우시더라

부처님 오신 날 법구경이 아니더라
무불사찰 그 찬연했던 야단엔
부처님 말씀을 들으려 하는 이
부처님 고행을 따르는 이도 하나 없더라
연화세상 반야심경도 없이
부처님과 탑과 나 하나 바람을 맞으며 서 있더라
흔적이 지워진 아미타불 빈터에서 부처님이 우시더라
흔적만이 아닌 법륜까지 쓰러진 자비터에서 우시더라

부처님의 울음소리 들어 본 자 있더냐
나 혼자만 들었느냐 나만 따라 울었느냐
부처님은 글썽이지도 않고 눈물도 없이 우시는 걸 나만 뵈온 게냐
바람 타고 들려오는 반야심경 회오리처럼 탑돌이 하고
부처님의 발길과 낡은 옷자락 스치는 소리
바람 되어 무영탑과 나를 스쳐가더라
중생은 모두 연등 매달린 사찰에서 복만 빌고
중생은 모두 부처님 오신 날 생불 앞에서 법석일 뿐

# 누구나 자작하는 그리움과 풍경이 되는 사랑하나 있다

누구나 어디서 흘러와 가슴 설레게 하던 흰 구름 같은 그리움
자작하는 그리움 하나 품고 있지 않으랴
누구나 어디서 불어와 가슴 스쳐가던 꽃향기 짙은
풍경이 되는 사랑하나 품고 있지 않으랴

소리 없이 다가와 가슴 설레게 하던 흰 구름 같은 그리움
소리 없이 생겨나 가슴 훑고 스쳐가던 들꽃향기 같은 사랑
가슴 속에 머물지 않고 떠다니는 구름 같은 그리움
가슴 속에 남아 있으되 끝내 품을 수 없었던 꽃향기 같은 사랑
세월은 가슴 속에 흰 구름처럼 떠다니는
그리움을 갈피 못해 풍경을 자작하고
세월은 가슴 속에 꽃향기처럼 남아 있는
사랑을 잊지 못하여 풍경을 노래한다
우리 모두 흰 구름 같이 가슴 속 떠다니는 그리움과
꽃향기처럼 가슴 속 남아 있는 사랑 하나씩 가지고 산다

# 스러지지 않는 사랑, 미련이에요

어쩔 수 없는 것이 미련이에요
이리저리 품어 사는 것이 미련이에요.
꽃잎이 바람에 쓰러지지 않으려는 것도 미련이에요.
가슴 속에 두 가닥 세 가닥 남아서 스러지지 않는 것이 미련이에요
아직 다 하지 못한 사랑 끝내 보고픈 사랑이 미련이에요
다 식지 않고 조금은 찬 듯하고 모자란 것이 미련이에요

갈피를 잡을 수 없는 마음이 미련이고요
품으면서 떨칠 수 없는 것이 미련이고요
아직 못 다한 사랑이 미련이에요
아름다운 꽃잎이 스러지지 않으려 눈물짓는 것도 미련이에요
아름다움을 찾아가는 그리움 아직 다하지 못한 사랑
생각을 끊을 수 없는 기억 앓음이 미련이에요

# 님 그리움

아직도 숨어 타는 그 옛날 안타까운 불꽃
착히 타오르고 거세게 삼킨 불꽃송이
절해 같은 가슴 속 순연한 정심으로 피어올랐어도
끝내 격하게 타오르는, 내 품에 꽉 찬 님
그리움이 인태한 세월 가득 처처(處處)하다

님 그리워 감싸 안으려 할수록 오히려 슬픈 연심
식지 않는 염원 내 님에게 전해져 가슴까지 태울세라
생각하면 깊어 드는 몽환의 세상, 그리움의 초상이여
구름마저 적신 눈물 수묵화 같은 고운 번짐, 향기 가득 품었으니
그리움 애련히 구름 위에 깔고 하얀 잠자리에 눕는다

이부자리 사각사각 깊고 푸른 입맞춤
너무 고와 두근거린 애달픈 순간순간
그 눈빛 그윽하게 생생하나
견주고 펼칠수록 님 슬플까 접었나니

# 나그네 꽃 엉겅퀴

새싹이 돋아
사람이 그늘을 찾을 때쯤
꽃을 피워내는 나그네 꽃 엉겅퀴
어린 내 키보다 웃자라
보라색인 듯 자주인 듯 아른거리는 색으로
가을까지 피어났다 이내 솜털처럼 변하여
가을바람에 훌훌 나그네 근심, 여수(旅愁)를 풀 듯 날아가는 꽃씨

유년의 기억 속엔 예쁘고 정감을 주기보다
꽃대와 꽃받침에 가시가 있어 스치기만 해도 따가워
그저 바라보기만 했던 나그네 같은 꽃
어쩌다 꽃송이 따서 냄새를 맡아 보아도
향기보다는 비릿한 냄새에 외면했든 나그네 꽃

지금도 들꽃 세상에선, 예전처럼
온 들판에 엉겅퀴꽃이 서성대며
바람에 흔들리며, 여수
나그네 근심을 풀어낼 준비를 하고 있다

# 비단숲

뽕나무 숲 심산유곡 애련 의롬 지킨 선량
하늘 내린 상전(桑田)숲 속 이슬 먹고 뽕잎 먹고
뽕잎 먹고 비단 낳는 사각 사각 누에소리
다섯 춘잠 자고 나서 고운 고치 지었다가
나방 되어 나빌레라 하늘숲에 나빌레라
백만 가지 우몽환이 신록 속에 스러지고
착히 쌓인 세월 가득 잠령봉을 이뤘으니
높은 바위 곧은 기개 선향 품은 상전골짝
금은 같은 옥토 갈고 옥빛 같은 물을 모아
대대손손 지켜 가꿔 비단궁궐 이뤘도다
주렁 주렁 자주 오디 붉은 입술 지어내고
뽕잎 따고 비단 엮듯 은밀사랑 곱게 품어
누에 치고 길쌈하니 하늘 품 속 가득하다
하늘내린 비단숲에


※잠령봉 : 누에의 영혼이 이룬 봉우리

# 재회, 엘레지아코(elegiaer) 설움의 곡조

돌아서 울먹이던 날을 품고 살아 미소라도 지은 날들
세월 가도 침묵해도 쌓여있고 갈피 되는 사연
수많은 그리움이 달빛처럼 가득하고
애잔한 곡조로 흐르는 달빛 세레나데 가슴 가득 여울지는 날
다시 뵈온 님의 모습 오늘에 품고 나니
여의보주 그보다도 보배로운 이내 눈물
잠깐 흘려 그칠 여우비가 아니더라

다시 보니 여울여울
되살아 오르는 사랑이여
돌아서서 울었던 날
고이 품고 겨웁게 살아 미소라도 지었던 날
세월 가고 사연 쌓여 황홀황홀 슬픈 재회
엘레지아코(elegiaco)
슬프고도 슬픈 설움의 곡조

# 미리 죽자

생에 집착하지 말자
삶에 숨가쁘지 말자
나의 눈, 낮게
나의 마음 아래로
내 높음도
내 깊음도 놓고 살자
목마른 인생
높이 없는 행복
미리 죽음을 자각하고
소중하게 그리 살자
떠나는 육신
돌아오는 귀의
귀히 살며 예비하자
씨앗이 떨어져 새 생명 되듯
두려움 없이 그리 살아 미리 죽자

## 몰래 사랑에 널 보쌈하고 싶어

몰래 사랑하고 싶어
선한 아낌 몰래 사랑하고 싶어
순간적인 욕심과 욕정일지라도
깨고 싶어 몰래 사랑하고 싶어

시기와 다툼 벗어나
훌훌 털고 몰래 사랑하고 싶어
깊은 어울림 바람 같은 만남
몰래 사랑하고 싶어

도덕도 벗어던지고
동화 속 주인공처럼 몰래 사랑하고 싶어
양심을 버리더라도 온전하게 맑은 어울림
몰래 사랑하고 싶어

몰래 사랑해도 깨끗한 마음
몰래 사랑해도 평화로운 가슴
몰래 사랑해도 꽉 찬 행복
몰래 사랑하다 정신을 잃는다 해도
몰래 사랑하다 아파하고 신음에 시달린다고 해도
몰래 간직하여 몰래 벅찬
그런 사랑에 너를 보쌈하고 싶어

## 생(生) 아타락시아(atarxia)를 좇아

마음이 울적해지는 것은
다 잡을 수 없는 감정의 역류
가슴이 답답해지는 것은
이끼 끼어 홀쭉 줄어든 심장의 낮은 박동소리

영육이 흔들리며
북받쳐 오르는 생의 파곡(波谷)
정신적 안정이 필요한 시간
그래도 행복은 품어야 할 영원한 주술

생기 있는 인생(人生)
아타락시아를 좇는 절박함
아, 생(生)이여 인생(人生)이여
우린 누구나 솔직하게 말해야 하네
인생(人生) 행복의 필수요건
아타락시아(atarxia)를 좇아야 한다고

## 옅은 그리움도 아픔이 된다

헛되이 들인 옅은 그리움일지라도
마음에 배인 순간부터
상념에 부대끼고
아칫 아칫 마음 앓게 하나니

쉬이 품은 옅은 그리움일지라도
가슴에 자리한 순간부터
공연히 아득해지고
쓰리게 불어나 가슴 터지게 하느니

헛되이 들인 옅은 그리움
신열에 들떠 마음 앓게 하고
쉬이 품은 옅은 그리움 가슴 쓰리게 불어나
다다르지 못하는 지독한 애련함이
가슴 속 깊이 박히면 옅은 그리움도 아픔이 된다

## 끽연(喫煙), 생의 낙진(落塵)

0.1mg의 타르 0.10mg의 니코틴
초초와 불안 분노와 격분
무료와 나태를 다스리는 끽연

한 대를 피워 공초가 되면
하루하루 공초처럼 줄어드는 목숨
뿌연 유해 흡입의 자학
낡아지는 폐부 토해내는 해소과 기침

0.1mg의 타르 0.10mg의 니코틴
말없이 생명을 잡는
죽음을 담보로 한 슬픈 안위

피워 던진 공초에 수럭수럭
형태 없이 쌓여가는 한숨 자학의 벌(罰)

끽연(喫煙)의 낙진(落塵)
연기도 어지러이 날리고
마음도 어지럽게 찌들어가는 생
끽연, 생의 낙진

# 사랑, 아첼레란도(accelerando) 음률에 맞춰

아담이 깊이 잠든 때
갈비뼈 하나 하와 되었네
뼈로서 피조된 생명
전능 속에 이어져 오는 숨결
아담의 갈비뼈로 빚어진 생명
지금도 유구한 생명을 낳으며 명하고 있나니

서로 사랑하라고
함께 어울리며
항상 사랑하라고

에로스이든 아가페이든
서로 사랑하며 번성하는 유인원 되라고
지금까지 이어온 생명들도 사랑이 듯
절대의 가치 사랑하면서
사랑 안에서 명하고
사랑 속에서 어울리라고
소박하고 생기있던 아담과 하와처럼
사랑을 좀 더 아첼레란도(accelerando)
음률에 맞춰 사랑하라고

## 서로를 바라볼수록 닮아가는 산과 우리들, 그 경외

산
산이
산들을
바라보며
산과 산들이
서로의 모습을
닮아가고 있듯

우리
우리도
우리들을
바라보며
우리와 우리들
서로의 모습을
닮아가고 있다

낮에는 무한한 생동
푸르름 넘치고
밤에는 가득한 어둠
어둠 속에서도 닮아가는 푸른 산
낮에는 넘쳐나는 생기
누구나 활력 넘치고
밤에는 풍성한 어둠

어둠 속에서도 가엾게 닮아가는 우리들
산과 산들이 세월을 품으며 닮아 가듯이
우리도 우리들과 마주함으로 닮아 가고 있다
이 산이나 저 산이나 서로 닮아가는 산인 것처럼
우리도 우리들을 서로 닮아가는 우리들인 것처럼
산은 산이며 우리는 우리
서로 함께 닮아 가는 경외

# 관음의 뜨락에는 상사화 핀다

남몰래 사랑하는 것은
산중을 헤매는 관음
남몰래 그리워하는 것도
시공을 혼자 오가는 관음

짝사랑의 불 같은 불변
그리움의 애끓는 상련
외로워 떨어지지 않으려는 관음

헤아려 짝사랑 할 수록
기도하며 그리워 할 수록
깊은 관음에 신열이 난다

마주할 시간이 찾아오지 않아
눈이 먼 관음
포근히 감싸 안을 시간이 찾아오지 않아
가슴까지 시린 관음

남몰래 사랑하고
남몰래 그리워하는 관음의 영토에
홀연히 상사화 핀다

# 배냇 그리움

내가 흘리는 땀
내 몸에서 나오지만
어머니가 전해 준 극미의 유즙
그리하여 비릿한 배냇저고리 내음
난 땀을 흘리되 훔쳐내지 않는다
먼 하늘, 하늘을 쳐다보며
흐르는 땀 그리움으로 잡고 있다, 다시
내 몸속으로 스미게 한다
어머니가 전해준 극미의 유즙
땀 되어 내 몸에서 뚝뚝 떨어질 때
결코 훔쳐내지 않는 내 옹골
비릿한 내음 어머니 향기
그리움의 유즙 내 땀내음이 좋고
잃어가는 어머니의 향기
그 비릿한 배냇내음이 좋기에

# 이카루스의 꿈을 꾸다

내 야윈 등에
순연한 의지로 자라난 날개를 달고 싶다
시공을 꿰뚫어 시간을 비행할 순수의 날개 돋아나면
하늘로 치솟아 이기에 찌든 몸 내던지고
깃털처럼 세상을 날아오르고 싶다

세상을 새의 눈으로만 보고
세상을 순수의 날개만 품는
우주의 한 궤적이 되고 싶다
화려한 모습을 뒤좇는 허황에 빠지고
욕망에 눈이 먼 이카루스의 자만을 지우고
창백한 밀랍의 날개를 가진
이카루스의 권능만 빼어 닮아
순수의 기도로 자라난 날개를 달고 싶다

비둘기 날개를 밀랍으로 붙여
자유의 날개를 가졌으나
끝내는 태양까지 날아오른 이카루스의 만용
결국 이카루스의 날개는 녹아 태양 속으로 스러졌지만
땅위에서 바둥거리고 탐욕을 좇아 살아온 이기
이기에 찌든 내 서러움을 던져버리고 털어내는 기행
내 야윈 등에 순연한 의지로 자라난 순수의 날개를 달고 싶다
이카루스의 권능
이카루스의 참 자유만 닮아
나 우주의 한 궤적으로 남고 싶다

## 이별의 어느 터미널

사랑은 언젠가 놓여나야 할 굴레
저만큼 떠나가는 차창 안
허연 서리 김에 가리워져 서러웠지만
행복을 위하여 헤어진다는
억지의 웃음과 몸짓 지었던 때
아련하기에 이별을 앞에 두고
시간이 멈추기만을 바라던 어느 터미널

임,
가지 못하게 하지 못했던 시간이
아직도 남아 있을는지
이별이 남아있는 어느 터미널
지금도 눈물로 풀려나는 가슴의 실타래 잡은
행복을 빌던 이별이 남아 있을는지
사랑한 만큼 이별이 아렸던 순간
행복을 빌어주며 이별한 만큼 더 사랑한 세월
지금도 차창 밖에 남아 있을는지
이별이 남아 있을 그 어느 터미널

# 3cm의 책, "사람을 이기는 법"을 흡입한 한 사내의 패전을 본다

1.

한 사내가 벅찰 만큼 큰 책상을 앞에 두고
푹신한 의자에 깊숙이 비스듬히 기대어 책을 읽는다
연신 머리를 끄덕이며 엄지에 침을 묻히며 책장을 넘기기도 하고
휘발되는 수성펜으로 밑줄까지 그으며 연방 감탄한다
얼굴엔 흡족한 웃음이 떠돌고 어깨는 거드름에 으쓱거리며
불룩한 배 찌꺼기 선지식 너무 마셔 불룩불룩 움질움질한다
포식한 듯 책장을 덮고 창밖을 내다보며 당당함의 뒷짐, 건들건들
준비된 듯 기세 맘껏 기지개를 켠 후 보무도 당당 사무실을 휘저어 나간다


2.

사내의 책상 위 다 습득하고 빨려나간
3cm의 두께, 3cm의 지식이 놓여 덮여있다

제목 사람을 이기는 법

사내는 만족하게 흡입한 3cm의 지식 사람을 이기는 법을 뇌 속에 꾸겨 넣고 나간 것이다
세상 사람들을 이기러 사람을 이기는 법으로 행하는 세상살이의 무모함

사람을 이기려다 자신이 지쳐 피폐해지고 공동 속에 들지 못하여
고독에 갇히는 줄도 모르는 사내
결국, 스스로 외로운 섬에 갇혀 다시는 사람들 속, 세상 속으로 돌아오지 못할 것이다
사내가 앉아 있던 책상 위의 3㎝ 지식, 사람을 이기는 법
자만이, 선지식이 책상 위에 놓여 덮인 채 꼼짝하지 않는다
독서의 향기도 지식의 유용도 모두 덮여버린 책상 위에서 한 사내의 필연과 오만
언감생심(焉敢生心) 인생의 패전을 본다

# 추억

추억은 과거 속에 머물지만
경험을 초월하는 가슴 속 지층
터지는 아픔도 나부끼고
뛸 듯 벅찬 기쁨도 함께 나빌레라
영혼에 깃든 기억
운명에 접힌 기억
지금을 유혹하기도 하고
미래를 평안케도 하고
머물지만 떠나고 없음이기도 하고
떠났지만 머물러 늘 따라다니기도 하고
추억은 내가 먹고사는 영혼의 양식
추억은 앞으로도 내가 먹고살아야 할 푸른 푸성귀
추억은 내가 먹어야 할 하루하루 시간 속에 나부끼는
기억의 낡은 깃발
흔적없이 펼쳐졌다 나부끼다 접혀지는 그림자

## 제4부

## 혼돈을 벗는
## 빛의 노래

# 광야에서 가련히 일어서는 들꽃을
# 어여삐 여기자

아름다운 꽃만 어여삐 여기지 말자
커먼 터널 같은 비닐하우스
둔탁한 유리 온실에서 짐승처럼 사육된 화초
인공이 가미된 아름다움만 어여삐 여기지 말자는 것이다
깎아지른 바위틈 들판과 산골, 시골 두엄더미
썩은 볏짚 사이와 쓰러져가는 판잣집 지붕 위
시궁창 한녘, 거친 모래톱 또는 소똥 위
진흙 수렁 지하철 입구나 도시 한 켠 쓰레기 수거함
재개발지역 부서진 슬레이트 조각
아파트나 빌딩 갈라진 벽 틈새에서도
사육되지 않고 개량되지 않아 광야에서
억세지만 가련히 일어서는 들꽃들
그 진정한 모습들을 어여삐 여기는 마음을 갖자
저 시간의 흐름 타고 내려와 피고 지는 무수한 들꽃들
모두 다 평등한 생명 동등한 생명
그 고귀한 여정을 어여삐 여기는 마음 말이다

# 우렁각시 어머니

내가 울 때 품에 안아 마른 가슴 물려
뚝딱 달랜 어머니는 우렁각시였다
가족이 잠든 사이 홀로 동네 큰 우물물을
물동이에 담아 머리에 이고
동이에서 흐르는 물 훑어내며
논둑길을 걸어 부엌에 길어다 놓고
윗목 들창살 밑에서 홑이불 하나
덮은 듯 마는 둥 새우잠 자고
새벽밥 뚝딱 지어 제비새끼 같은 자식들
눈 비비고 하품이 끝나기 전 아침상 차리시든
그 누구도 따를 수 없는 솜씨
어머니는 우렁각시였다
우렁각시 되시어 몰래 혼자 애끓고
이젠 다 내주어 껍데기만 남은 모습
어머니는 우렁각시였다
어머니 우렁각시의 신비한 뚝딱 사랑과 희생
새벽 물을 길어오던 오솔길 버선자국
무한한 사랑 흔적 없고
어머니도 껍데기만 남아
껍데기마저 삭아가고 있다
우린 어머니의 사랑
어머니의 살덩이를 뜯어 먹고 자란 새끼들
아직도 어머니의 야윔을 먹고
살덩이 빠진 껍데기마저 빨아먹고
살아가고 있는 아둔한 새끼들

# 삼만 육천일

백 년(百年)을 살아야 삼만 육천일
백년가약 (百年佳約)
백년행락 (百年行樂)
백년해로 (百年偕老)
백년지계 (百年之計)
백년대계 (百年大計)

백 년(百年)을 살아야 삼만 육천일
너나 나나 모두
주어진 생(生)
백대지과객 (百代之過客)
영원히 지나가고
다시는 돌아오지 않는 나그네

# 평화, 아침 고을에 꼭 온다

평화
땅도. 숲도 저 밝은 하늘
먼저 보는 고을, 우리 세상에 꼭 온다

기이하도록 낮은 곳 부터
산봉우리까지 내려앉은 안개
온통 짙은 가림
땅. 산. 들판. 하늘까지 하나 되어
몰아의 경지에 든 일체를 보라

안개로 깨어나지 않는 아침
풍경의 혼연, 세상과의 일체
안개 가득한 아침은 시야에 투영되지 않는 무상

무상으로 일체 되는 평등
평화는 이렇게 무상과 혼연으로
이 땅, 우리의 아침고을, 빛 부시게 밝히리

## 할머니 별점, 천문(天文)

쌀밥 먹기 힘들고 보릿고개 높을 때
손주들의 주린 배를 쓰다듬으시며
앞마당 멍석 위에 누워
밤하늘 별자리를 하나하나 짚어 주시며
허기를 달래 주시던 할머니 별점
할머니 천문 (天文)

북두칠성이 코앞에 와 닿는 걸 보니
올해는 햅쌀을 일찍 먹겠고
은하수가 턱밑까지 또렷하게 흐르니
올해는 이밥을 많이 먹겠고
좀생이별이 옹기종기 다정하게 뭉쳐 밝은 달과 닿을 듯하니
분명 풍년이로다
우리 손주들 조금만 기다리면 쌀밥 많이 먹겠네
할머니 별점, 할머니 천문 (天文)

나 혼자 문득 뜰에 나가 별자리를 보니
북두칠성이 코앞에 와 닿으니
할머니 말씀대로 올해 햅쌀은 일찍 먹겠고
은하수가 턱밑까지 또렷하게 흐르니
할머니 말씀대로 올해 이밥을 많이 먹겠고
좀생이별이 옹기종기 다정하게 뭉쳐 밝은 달과 닿을 듯하니
할머니 말씀대로 분명 올해도 풍년이로다

아직도 할머니께서는 하늘나라에서
북두칠성을 손주 코에 걸게 하고
은하수를 손주 턱밑까지 흐르게 하고
좀생이별이 몽쳐 흩어지지 않고 둥근 달과 닿게 주관하시니
손주, 할머니 그리워 여린내기로 혼자 흐느낍니다
이제는 별자리까지 읽으시는 천문은 그만하시고
하늘나라에서 편히 쉬시라
사그라들지 않은 할머니 향한 그리움

# 영원한 생명, 평화를 위한 기억 한 장

태초는 어둠을 먹고
어둠으로 태어나
혼돈의 소용돌이를 시작으로 세상에 왔다
소리없는 어둠 속에선 혼돈을 벗는 빛
어둠이 빛을 불러 혼돈을 벗고 빛으로 깨어났다
어둠이 부른 빛, 그 빛은 소리없는 어둠을 시작으로 태어나
잡히지 않은 빛을 삼키며 시간 속을 흘렀다
빅뱅이 되고 소멸되고 생성되고
천지는 그렇게 그렇게 세월을 낳았다
멈추지 않는 시간을 시작으로 태어난 세월
그 세월도 끊임없이 이어지며
시간을 타고 시공을 넘어 찬연한, 그리고 거룩한 생명을 낳았던 것이다

우리가 태어난 거룩한 기록
그러한 우리들의 생명은 끊임없는 시간과 세월을 딛고
생명을 낳으며, 또한 착히 번창하며 어울려 살고 있는 것이다
영원한 생명에 대한 이야기이다
어둠으로부터 혼돈으로부터 빛으로부터
시간과 시공으로부터 세월로부터
생명까지 이어지는 영원에 안긴
우리의 거룩한 생명에 대한 이야기인 것이다
매년 새해를 맞아 돌아보아야 할
영원한 생명에 대한 자각
세상의 평화를 위해 풀어놓는 명료한 기억인 것이다

# 시대약속

표지정국
가국류일 진선
민국 는사잘
회사 한뜻따
라나 한강
부정 는기섬
제경장시 찬기활
지복 적동능
국대재인
가국계세 한숙성

새겨보면 보이고 보이면 느끼게 되고
느끼게 되면 생각하게 되고
생각하면 보이는 문제. 시대약속

몇 줄 거꾸로 썼지만
잘 보고 느끼고 생각하면 보이는 답 시대약속
시대약속 시대 속에 답대로 되어 가는지?

# 시대 처방

우리는 언제부터인가 고달픈 어제를 살았고
불안한 오늘을 살고 있으며
내일을 두려워하며 살아가고 있나니
우리가 바라보는 눈높이만큼 따라오지 못하는 정치
우리가 원하는 대로 서로 어울려 살지 않는 사회
우리가 생각하는 만큼 채워지지 않는 경제
우리가 살아가고 있음이 기쁨 자체임을 느끼지 못할 정도로 변해버려
기쁨도 행복에 대한 척도와 지수 속에 갇혀 있는 상실의 나날들

그 누가 사랑한 만큼
그 누구도 사랑해 주지 않는 가슴들
그 누가 사랑을 주지만
그 누구의 사랑도 받아주지 않는 가슴들
모두가 하나같이
고달픈 어제와
불안한 오늘과
두려운 내일 속에 살고 있는 시대
정치는 우리들 눈높이에 이르지도
아예 우리들 눈높이에 맞출 생각도 하지 않고
사회는 등나무와 칡이 서로 꼬기만 하는 것 같은 갈등
서로가 서로를 반목하는 적대적 맞섬만 가득하며
경제는 노동의 거친 숨소리와 자본의 고른 숨소리 모두 협심증을 앓는 듯
임금배분과 나눔 가치를 혼동하는 팽팽한 줄당김, 서로의 앙삭 뿐

살아 있음의 고귀한 기쁨조차 느끼려 하지 않아
모두의 가슴 안에서만 잠을 자고 있는 기쁨들
기쁨마저 아주 무력해진 시대
행복은 스스로 느끼는 귀한 소망이며
누구나 상상해 봄만으로도 가득 차오르는 것을 잊어버린 영혼들
너와 나 우리 모두 최악의 관계 속에 살아가고 있는 결박
모든 것이 강물에 흙탕물처럼 섞여 목적지 없이 유실되어 가고
이 시대 우리 모두 상실의 배에 올라 떠내려가고 있으니
시인, 몇 줄 시로 상실의 배에 오른 우리들의 시대
MRI로 찍어 홀로 진단하며 처방하나니 처방전은 아래와 같다

「우리 모두 과거 현재 미래에 대한 저마다 흉악함은 버리고
절대적 권리도 내려놓고 가슴 따뜻한 어울림의 보편타당한
기회의 시대와 탕평의 시대로 나아가라」

## 모바일 투표 유령의 셈법

모바일 투표
일이 일백이 되고
일백이 일천이 되고
일천이 일만이 되는
셈법 속에 없는 셈법

부도덕의 미디어 시대
사람 마음을 대신하는 유령들
유령들이 밝은 대낮에도
IT 속에 숨어 춤추나니
도깨비들조차 혀를 내두르며
휘휘 고개를 저어댄다

모바일 투표
유령의 셈법으로
세상 어지럽히며
스스로 광란하는 유령들
그들만의 세상에서도 어리둥절하며
셈법을 정치학에 집어넣으려
물고 뜯고 피 흘리는 셈법을 한다

너무나 참담한 그들만의 셈법에 대해
우직하고 착한 도깨비들도 이미 속셈을 알고 수군거리는데
유령들은 자신들만의 셈법으로
세상을 어지럽혀 놓고도 서로 정리를 하지 못한 채
피타고라스를 부르며 맞다고 우긴다
모바일 투표 그 셈법이 틀림없다고

# 5천만둥이 탄생한 날 한민족 인류보호인종으로 선언한다

기원전 200경 환웅께서 3천 무리를 이끌고
오색 무지개와 하늘 수레를 타고 이 땅 태백 산정에 오셨으니
밝은 민족 이름하여 백의의 한민족이로세
그로부터 2012년 6월23일
대한민국에서 5천만둥이가 태어났으니
이름하여 오천만둥이
아니 북한 고토 중국 동북 조선족까지
재외동포나 카자흐스탄 등 구소련연방에 의해 흩어진 민족들
외침으로 흩어져 전 세계에 살고 있는 혈통까지 함께하면 1억은 되리라
수 많은 민족의 붙임과 갈피 된 유구한 역사 속에서
한 민족으로 태어나 살다간 우리 혈통을 가진 생명들 수억 만 명 되리라
한민족 배달민족 백의민족 밝달민족 동이족 흉노족 모두 같은 뿌리
이제 현존 대한민국 한민족의 나라 5천만둥이가 탄생한 날
나, 세계최초로 인류탄생 최초로 우리 한민족
인류보호민족으로 지정을 하여 국제 인류학회에 통고하고
모든 인류의 족속, 즉 유대인, 게르만, 왜족, 지나족, 벵갈족, 아일랜드족, 인디언 등등
다른 족속에 제일 우선하여 한민족을 국제 보호민족으로 보호해야 함을 선언하노라
한민족을 인류보호인종으로
이후 우리 한 민족을 괴롭히거나 번성을 못하게 하는 것들과
국제적으로 타 인종으로부터 한 민족 번성을 침해하는
모든 위해요인에 대해서는 처벌하고
민족전체를 인류천연기념인종으로 지정하여
현재 희귀 멸종 동식물에게 부여하는

천연기념물보호정책보다 더욱 인본적으로 보강된
한민족 혈통보호대책을 마련해 국제사회에 공표하는 것이다
6월 23일 한민족 보호인종 선포의 날로
누가
문학이. 문학이 선언하고 지정함이다
이제부터는 한민족의 혈통은
인류 다른 모든 족속들이 괴롭히거나
번성을 못하게 하고 위해를 가하고
멸시하고 학대하고 차별하고 생명을 잃게 할 경우
또한, 자유롭게 생존할 권리를 침해할 경우
민족이 분연히 이를 처벌하고 털끝 하나 다치게 해서는 안 되며
이를 어기는 족속은
인류국제보호인종보호법에 따라
하늘의 처벌을 받게 될 것이니
관련법의 본문과 부칙은
하늘에 공시되어있음도 널리 알리노라

# 우리차례
## – 애족애민가

우리가 바라보는 푸른 하늘
우리가 딛고 있는 굳건한 대지
모두 대한의 생명
오천만 역사 수많은 선열
모두 대한의 풍요
그리하여
살고 있는 대한민국
환웅의 무리 배달의 겨레
바로 우리이니
이제 우리의 차례
우리가 품고
우리가 지켜나가야 할 강산
선봉에 서서 늘 담대하고
함께하여 항상
조국에 자랑스러운 남아
그 옛적 화살촉의 두려움
시퍼런 칼날의 섬뜩함

근대 그 총탄과 포탄의 절체절명 속에서도
민족을 지켜낸
장정들의 피끓음을 기억하며
강건히 용감히
조국의 과거
조국의 현재
조국의 미래를
외세로부터 지켜내자
더 이상
무려 구백육십여 회의 외침 속에
핍박받고 흘린 피 잊지 말고 물리쳐 내자
이제 우리 차례
우리가 품고 우리가 지켜나가야 할 강산과 민족이니

## 백의의 옷자락


백두부터 솟아 힘차게 사방으로 멀리 뻗어
북으로는 만주대륙 벌판
남으로는 등줄기 곧게 세운 반도
한라까지 굽이 뻗쳐 가슴 벅찬 소중한 강산
예부터 영원토록 화평한 나라
태양과 달의 조석도 찬란하고
하늘이 밝는 순간과 노을이 타는 순간도 벅차며
달이 차고 기욺도 아늑하여 거룩한 땅 아침의 나라

백고천난 (百苦千難) 온갖 고난
일진흑운 (一陣黑雲)같은 패악의 외침
모두 백가(百家) 지혜로 이겨내고
홍익의 질서로 지켜 낸 백의민족
날마다 피는 꽃 무궁화
밝고 아름다운 나라 수만 송이 가득한데
백의의 옷자락 아직도 반쪽은 핏빛

# 국회의사당 비가

반목하는 표류
속기하지 못하는 난투
부서지는 의자 사나운 고성
피 흘리는 혈투

미개의 난폭
패륜이여 속죄하라
몰염치여 각성하라
표리여 뇌동치 말라

가가이기방
이젠 그럴듯한 말로서
속이지 말라
선량한 백성
폭삭 주저앉은 모습
더 이상 외면치 말라

# 상고 밝은나라를 꿈꾸다
## - 타고르가 예찬한 동방의 나라

남쪽에서 북쪽 하늘만 보면 흐르는 눈물
북쪽에선 남쪽 하늘만 보면 흘리는 눈물
근대의 격동이 힘겨워 행복 함께하지 못한 갈림
남쪽 하늘 아래 북쪽 하늘 아래
모두 그리워 우는 한 핏줄 배달의 눈물

상고 밝은나라 배달국부터
서로 이롭게 하고 함께 어울려 살던 백의의 백성
하나된 나라 하나된 겨레
남쪽 북쪽 하나되는 밝은나라
남과 북 진정 하나되는 평화나라
타고르가 예찬한 동방의 나라
눈물 슬픔 없던 선계 상고 배달나라 이루세

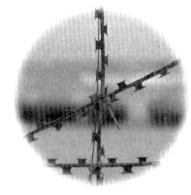

# 문학, 저작이라는 자본에서 벗어나라

저작을 말하는 세상
문학이 저작을 말하는 만큼 문학도 세상과 멀어져 가고
문학을 세상에서 가두는 것
구약과 신약 코란과 불경이 저작을 말하지 않는 것처럼
문학만큼은 자본에 매인 저작을 말하지 말라
옛 선인들이 오언절구 칠언절구 애시를
거침없이 백성들에게 내어주고
세상에 던져놓아 홍익을 실천했듯이
현대에도 문학만은 저작의 자본에 들지 말며
자본에 넉넉해지고 자유로운 문학
자본의 저작에서 벗어나
세상의 혼돈과 독자들의 영혼을 치유해야만 한다
문학인들이 쓴 글은 무한이지만 저작은 유한인 것
문학을 세상에 저작권 없이 내놓는 해량을 갖고
문학이 가야할 길
문학인이 살펴서 이해할 것
문학과 문학인의 명제
좀 더 느슨하게 넉넉하게 글을 쓰고 세상에 펼쳐놓아
저작을 좇지 않는 것
문학을 인류의 가슴에 활짝 풀어놓아 자유롭게 품게 하자
태어나 한 줄 시라도 쓸 수 있는 문학인은
타인을 이롭게 할 수 있는 것만 해도 큰 기쁨
문학은 내어줄 때 사랑이 되며 의미가 되고 오히려 얼음이 되니
문학만은 저작이라는 자본에 스스로 얽매여 허덕이지 말지니

## 역사의 이랑 그 아픔

한민족 역사
한단고기 제왕운기 삼국유사
고려사 조선실록 근대사 임시정부
모두 깊게 패어져나간 역사의 이랑
너무 깊이 패여 아직도 선조들께
고개 숙이고 있으니
사가들이 정리하지 못한 역사
백성들이 찾아오지 못한 역사
결국 우리들도 다시 적지 못하는 역사
후손들인 우리도 죄인이긴 마찬가지라
잘못 삼킨 가시처럼
민족의 가슴을 찌르고
한 몸을 나누어 서로 가두는
열리지 않는 분단의 자물쇠까지 찼으니
어이 슬픈 역사 꺼억 메인 사레
백의민족 자존이 패이고 덧난 상처되어
민족혼 갉아먹는 부스럼 아물지 않는 아픔
하얀 광목천을 펼쳐 잘 아물라
잘려진 허리에 감싸놓는다

# 가부좌

입법의 영예를 저버리는 유기와
잇속만 챙겨 가는 고약한 무능
인연을 따라나와 무리 이룬 백성
수많은 양심들이 가부좌를 튼다

TV를 보며 트윗터를 하며
페이스 북을 하며 흩어지려 하나니
입법의 영예를 저버리는 유기와
잇속까지 챙겨만 가는 고약한 무능

여의도 국회의사당
둥근 지붕이 상여 같아
슬픈 울음울음
그치지 않는 민중의 눈물

의사당 지붕이
상여 같아 슬픈시대
수많은 양심들이 똬리 틀 듯
가부좌를 틀고 돌아앉아 있다

## 선의와 덕의도 기부 할 때

선의와 덕의
공리며
명제며
근본이며
관용이며
베풂이며 품음이며

선의와 덕의
공리를 따르고
명제를 깨닫고
근본을 지키고
관용을 보이며
베풀고 품어 나가고
선의와 덕의도
이제는 세상에 기부할 때

# 천우제

소를 키우는 사람 축산인이라고 부른다
소를 살리는 사람 수의사라고 부른다
소를 죽이는 사람 도축업자라고 부른다
이제 축산업자는 없다 소를 굶김으로
이제 수의사는 없다 굶는 소를 살릴 수 없음으로
이제 도축업자도 없다 소가 굶어 스스로 죽음으로
모두 없어지는 소멸
겨울, 울화와 눈물만 남아 더욱 춥다
배곯아 죽은 소들이 유령이 되어
산골을 떠돈다
산골도 음산해지는 것이다
음산해진 산골 외양간앞에선
소를 키우던 사내와 아낙이 부둥켜안고
꿇어 앉아 양심의 가책으로 눈물을 흘리며
흐느끼듯 바치는 기도 천우제!
굶어 죽은 소들의 천도를 비는 의식
사내와 아낙이 부둥켜 안고 올리는 무언의 천우제
외양간엔 살아있는 소들의 마른 눈동자들이 휑하다

# 독도 그 유랑의 눈물

해류가 품어주는 영토
이사부의 선각
파도에 섞여 겨레 내부로 거칠게 흐른다
지리적 근본이 뚜렷하고
한민족이 함께한 세월이 유구한데도
아직도 세계지리 속에 머물지 못하는 독도의 존엄
독도의 유랑
울분과 통곡 파도에 섞여 갈매기와 함께 운다
존엄하게 솟아 있는 모습 민족의 자화상
또다시 되풀이되는 왜의 침략
방향을 잃거나 두려워하거나 소홀히 하고
한 치라도 방관해서는 안될 그 독한 침탈
새로운 이 시대에도 소용돌이 되어
독도를 지키는 파도 속엔 선각 이사부 호령
독도를 두드리며 대한의 땅이라 우리 영토라 울부짖고
민족의 상한 마음 눈물, 눈물방울처럼 솟구치고 있다
화강암에 부딪히는 그 서러운 유랑의 눈물
오! 겨레의 눈물 , 철석 처얼석

## 소설 토지 예찬가

평사리의 깊은 평온과 고귀한 사려 사인여천 안빈낙도 이상향의 동리
동학의 횃불 드높아 마주했던 두려움과 혼란
서러운 외침의 포악과 절박함의 굴욕을 절절히 풀어낸 대서사
면면히 갈피된 민중의 끈기와 기상
흠모와 추앙 서럽게 품어 애굽출기를 넘어선 한민족 역동의 동맥이
벌떡벌떡 글자마다 힘차게 뛰고 있다
겨레의 저력 구휼의 질서 민심에 뚜렷이 좌정된 국신처럼
백의의 천상무리들이 태박산정에 강림하듯
피안의 땅 거친 옛터 대륙의 시련과 격랑 속에서도
보듬음과 애련함으로 올곧게 헤쳐내 민족의 기풍 세우고 축복 이뤘나니
거친 숨결 오히려 곱고 여린 그윽함은 오히려 날카로운 독립의 뿌리
토지 속에 알알이 박혀 민중들의 여린 눈 핏줄 서게 적신다
야만이 덮친 강산의 낙막을 딛고 고토 대륙까지 거쳐
지금 여기 이르러 원주 회촌 땅에 문풍되어 환희로 정좌하였고
토왕지절 춘하추동 선량함과 예지 일엽편주의 시각 속에서도
오로지 한 가지 기품 잃지 않아 민족의 역사가 되고 품격 드높은 홍익의 보물이 됐다
외세의 침략을 극복하지 못한 열리지 못한 순박의 굴욕
거칠고 메마른 토척같은 민족의 오류 실향과 망국의 국치까지 떨쳐내며
배달의 희망을 일깨운 민중의 백서 상생의 공리 경이로운 줄거리
찬란한 열린 문필이며 광명이며 근본이 가득한 천만년 빛나는 자랑스런 문헌
거룩하게 펼쳐놓아 숭고케 하는 꿈의 필력 유구한 장경, 소설토지
토지문풍에 대한 무한하고 벅찬 예찬이다

※ 토지 작가 박경리 선생 원주에서 탈고 원주 회촌마을 기념관

# 신 원주 예찬가
– 단가

백두대간 차령 정맥 동맥처럼 흘러
치악과 백운 혈맥되어 감싸고
섬섬옥수 섬강이 굽이 흐르며 넓게 펼쳐 놓은 터! 원주

영원의 자주정신과 애국 애민의 맥이 살아 숨 쉬며
맑고 둥근 하늘 아래 높고 정결한 문루 선위루가 자랑스럽고
모두 다 같은 삶의 궤적을 둥글게 그려 나가는 으뜸의 대지

동악제단과 추월대에서 아침을 맞고
햇빛 둥글게 고루 비추어 산그림자도 어울리며
섬강물길 모든 액운 안아 품어 흘러 생명 존중의 존귀함이 가득한 땅

원망과 꾸짖음 울화도 없이 서로 사귀어
용서와 화해의 어울림이 가득한 곳
닥쳐질 일마저 헤아려 생각하고 덕망 높은 사람들이 가득한 품격 높은 고장

사물을 판단하는 이치가 넘쳐나고
성황의 수풀과 황장의 수목 무성한 뜰
모난 데 없이 수 만년 복된 터 역동 솟구치는 분지

생명존중 사리가 널리 퍼져 하나 되고
모두 한 점처럼 모여 사는 하늘이 내린 둥근 둘레의 땅
처음부터 가슴 착한 온순한 사람들이 함께 살아가는 복된 도시

극동의 중심! 내 고향 원주여!

# 극동의 중심 내 고향 원주
– 서사 원주 예찬가

1.

백두대간 차령 정맥 동맥처럼 흘러
치악과 백운, 건등과 소금, 소군과 칠봉
호암과 공산이 혈맥되어 감싸고
예서 발원한 구룡천 평장천
장양천 흥양천 금대천 용수천
흥업천 사제천 안창천 산현천
손곡천 법천 귀래천 정산천이 휘돌아
섬섬옥수 섬강을 이루어 굽이굽이 흐르며
넓게 펼쳐 놓은 터! 원주

2.

만물, 본디 타고난 기운
원기가 살아 혈이 된 삼천리 강산
가장 둥글게 자리 잡은 땅
둥글게 어울려 살아가고
멀리 보며 진취하는 곳
원하는 모든 것 이루어지는 본래의 땅
영원의 자주정신과 애국애민의 맥이 살아 숨 쉬며
맑고 둥근 하늘 아래 높고 정결한 문루
선위루가 자랑스럽고
만고불변 생의 원론과 가치를 아끼며
모두 다 같은 삶의 궤적을 둥글게 그려나가는
으뜸의 대지! 원주

3.

동악제단
추월대에서 원단을 맞고
원당 성황림이 신림 이룬 곳
원행하는 객인들도 정처없음을 풀어내고
자리 잡아 모두 원각을 이루며 손잡는 땅
원만한 깨달음도 얻고
원대한 꿈도 품고 이룰 수 있으며
변화무쌍한 춘하추동 사계절
멀리 볼수록 아름다움 가득한 원경
햇빛도 둥글게 고루 빛나고
산그림자도 둥글게 여울져 넘어가는 땅
섬강물길 모든 액운 안아 품어 흐르고
멀고 가까움도 하나 되어
생명 존중의 존귀함만이 가득한 땅 원주

4.

원망과 꾸짖음, 울화 없이 서로 사귀어
용서와 화해의 어울림이 가득한 원량의 땅
앞으로 닥쳐질 일마저 헤아려 생각하는 원려의 땅
덕망 높은 사람들이 가득해 품격 높은 원로의 고장
사물을 판단하는 이치가 넘쳐나는 원리의 대지
정원의 수풀과 수목 무성한 원림의 뜰
모난 데 없이 수 만년 복된 원만의 터
활동의 근원 일으키는 역동 솟구치는 근원의 분지
생명존중 사리가 널리 퍼져 하나 되고
모두 한 점처럼 모여 사는 하늘이 내린 둥근 둘레의 땅 원주
극동의 중심 원주
원래 처음부터 가슴 착한 온순한 사람들이
함께 사는 생명의 땅 내 고향 원주!

**서평**

김연덕 시인 제2시집
[바람의 변주곡] 작품해설

# 무욕과 탈속의 호연지기가 일궈낸 사물에 대한 긍정성

전형철 시인. 문학평론가

김연덕 시인 제2시집
**[바람의 변주곡] 작품해설**

# 무욕과 탈속의 호연지기가 일궈낸 사물에 대한 긍정성

전형철 시인. 문학평론가

    김연덕 시인의 시의 근간은 역마이다. 길떠남의 시학, 아마 이런 말이 그의 문학을 잘 포괄할 것이다. 헷세와 같은 방랑의 구름, 삶의 근원을 캐기 위한 길 찾기에 있다. 끊임없이 틀을 부수며 찾아 헤매는 그 떠도는 혼 — 그것은 김연덕 시인의 시의 출발점이자 도달점이다. 그의 시에 방랑의 시가 많은 것은 그 때문이다. 하지만, 방랑의 감각적 낭만이나 여행과는 엄격히 구별되는 곳에 그의 시는 있다.
    걸어온 길, 되돌아갈 수 없는 길. 그 길은 기억 속에 살아있다. 시인은 지나간 기억에 등을 달아 추억한다. 다 닫히지 않은 과거는 다 닫힌 과거가 아니기에 어둡지만 기억하려고 등을 켜면 조금씩 보이는 것이다. 시간은 오늘을 과거로 만들고 내일 역시 과거로 만든다. 기억 속에 남아있는 오늘은 시간이 지나 점점 어두워지지만 그것이 소멸되는 것은 아니기 때문이다. 살아있는 것이다.
    길이 시인을 이끌고 시인은 길을 먹어 삼키며 끊임없이 길 위를 걸으며 길에서 떠나지 않는다. 시인에게 길은 여정, 행정의 연장이며 시간의 과정을 거치는 길이다. 또한, 앞으로의 목표를 상정하는 길이기도

하다. 길의 풍경에서 자신에 삶의 풍경을 보고, 자신의 삶에서 길의 풍경을 본다. 시인은 길 위에 서있다. 지금까지 걸어온 길을 돌아보고 있으며 앞으로 걸어가야 할 길을 바라보고 있다. 시인에게 있어 길은 어떤 의미인가. 이 시집에는 미로에 대한 노래들로 가득하다.

한 권의 시집으로 한 시인의 에토스(인격, 윤리성), 파토스(감성), 로고스(이성)라는 전체 시성을 포착할 수 있으면 큰 축복이다. 즉 에토스의 환경적 요소와 파토스의 개인 감성적 요소(감성의 질적 깊이나 농도, 열정, 행동성, 객기 등)와 로고스의 지적 요소(표현기술, 수사학적 재능 등)를 총체적으로 평가하기를 바란다. 그의 철학과 인격성, 감성의 숭고성 등을 경험한 연후에 해당 시집의 로고스를 비평하면 좋을 것이다. 물론 시에서 시인의 에토스와 파토스를 삭제한 객관적 신비평적 해석이 얼마든지 가능하다. 현대시 비평에서는 이러한 탈주관적, 로고스 중심 비평 및 파토스 중심의 감흥적 비평이 유행하기도 한다.

이 시집의 제목이 암시하는 바와 같이, [바람의 변주곡] 속에는 작가의 긍정적 세계관이 커다란 시맥으로 자리 잡고 있음을 간파할 수가 있다. 이러한 시적 성향은 그의 해맑은 시혼에서 우러나온 사물에 대한 긍정성 때문이다. 그렇기에 그의 글은 맑고 밝고 흠결을 거부하며 생명이 살아 숨 쉬고 있다.

남다른 통찰력을 지니고 사물에 대한 내밀한 투시력을 보이고 있는 것은 그의 타고난 감성과 인생 경륜에서 우러나온 예지력 때문이다. 그의 시는 가식의 굴레에서 벗어난 순수한 체험의 노래이다.

김연덕 시인의 시창작의 모티브는 그 출발점이 '자연'이다. 자연의 질서와 그것에 준하는 인간 존재에 대한 깊은 성찰은 그의 시작법의 원동력이다. 흙냄새 물씬 풍기는 풍경을 벗삼아, 보릿고개를 온몸으로 체험한 그는 우리가 망각하고 소홀히 하기 쉬운 작은 것들에서부터 미세한 음성을 들으며, 물아일체의 경지에서 자연과의 조화와 합일을 노래한다. 자연은 원초적 가치 창출의 광활한 근원지이며, 시상(詩想)의 무한 저장소다. 자연을 대하는 작가들의 성향에 따라서 거기에서는 다양한 이미지들이 꿈틀거리며 시적 표현의 욕망들이 손짓을 한다.

시인은 들녘에서 펼쳐지고 있는 바람의 연주와 모든 자연물들의 생동하는 환상의 하모니에 취해 자연과 하나가 된다. 이러한 작가의 동향은, 자연이 인간 존재의 근원임을 자각하고 거기서 삶의 가치를 발견하며 자신도 그 일부라는 관점에서 비롯된 것이며, 서정적 자아는 자연과의 '동일성(identity)'을 추구하고 있다.

현대시에서 시 쓰기의 첫째 희생자는 언제나 실재하는 개념이나 관념이다. 시인은 시에서 쓰고자 하는 고정된 실재 개념을 인식할 수 없기에 시를 쓴다. 시는 사라지기에 창작된다. 개념이란 이미 철학이나 의미로 정리된 산뜻한 의미의 표상이다. 실재란 신이나 최고 존재로 통칭하는 절대 관념이 될 수도 있다. 시인은 실재하지 않는 개념이나 관념, 대상을 위해 끊임없이 시를 쓴다. 개념이 없는 시에는 의미의 지도 또한 없다. 당연히 시인의 의식이 걸어갈 지형이 문자나 기호로 정착되지 않는다.

시인의 언어 전쟁은 지도 없이 시작되고, 지도를 태워버림으로써 창작이라는 전쟁을 마감한다. 다만, 시인은 시 의식의 사진기로 자기 눈앞에 보이는 물상과 인생이라는 전쟁의 혼동과 고요한 파멸의 양태, 제반 형식을 자신의 이미지로 찍어낸다.

자기 언어의 색채화를 사진 찍듯이 기록해 놓는다. 두 눈이 하나로 초점 되며 대물렌즈와 대안렌즈의 역구도적인 빛의 굴절, 사유의 각도, 시각의 편광에 의해 시적 상(像, image)을 재창조한다. 이때 시인의 사진기, 영상의 의식에 잡히는 시적 대상은 모두 시각적 이미지로 태어난다.

김연덕 시인의 시각에 포착되는 은유와 환유의 지형도 위에 다시 중첩되는 영상이 음악으로 흐른다. 그의 시에는 기타 현(鉉)의 울림소리가 고요히 그러나 강렬하게 울린다. 또한, 그의 시상(詩想)의 이미지가 퇴적시키는 최저 심층에는 자연과의 소통에 있다. 아직 미발굴된 상태이지만, 아라베스크 직물처럼 얽혀있는 미학적 이미지가 고요히 고래 같은 숨을 쉬며 언젠가 수면 위에 드러나기를 기다리고 있다.

  이렇게 그의 시 의식의 단층에는 채색된 유리상자에 한 켜 한 켜씩 물든 의미의 모래층이 쌓여 있다. 물기에 젖은 수족관의 단면도가 아니며, 사막의 메마른 모래층의 흩날림도 아닌, 지적 언어의 사유의 깊이와 고뇌가 있다.

    *비 오는 날*
    *뒷동산 잣나무 숲에서*
    *비 내리는 모양을 보나니*
    *곧추서서 수직으로 내리는 것이 아니라*
    *바람의 무늬처럼 허공 쓱쓱 빗살 그리듯 내리는 것을 보았나니*

    *비 오는 날*
    *뒷동산 잣나무 숲에서 바라본*
    *비 내리는 문양은*
    *그 옛날 신석기 시대*
    *비 오는 날, 움막에 들어가*
    *내리는 비를 바라보며 토기에 빗살무늬를 그려 넣던*
    *우리의 조상, 호모 사이엔스(Homo sapieng)의 몸짓이었음을 알았나니*

    *아!*
    *아득하게 무늬지는 생멸의 흔적*
    *신석기시대 현생 인류의 조상, 그 빗살무늬의 감성을*
    *나, 비 오는 날 잣나무 숲에서 마주하고 섰나니*
        *비 오는 날 호모 사이엔스(Homo sapieng) 감성과 만나다"* 전문

김연덕 시인의 제 2시집 , [바람의 변주곡]의 서시다. 작가는 인간과 자연의 조화와 합일사상을 지니고 있다. 이 척박한 시대에 문학이 표방해야 할 최대 공약수는 자연을 배경으로 한 탁월한 '서정적 울림'이 되어야 한다.

　　김시인의 자연관은 경화된 무위자연(無爲自然)의 개념이 아니라, 살아 움직이는 실체로서 생동감과 미감이 흘러넘치는 신비경으로 묘사되고 있다. 순환하는 대자연은 각양각색으로 변화를 보이면서 이 대자연의 경이로움 속에서 "아득하게 무늬지는 생멸의 흔적."을 '비 오는 날 잣나무 숲에서 마주하고 서있는 것이다. 시 전편을 흐르고 있는 자연과의 조화와 합일의 시상은 하나의 생명의 물줄기로서 그의 시 세계 전체를 관류하고 있다. 적지 않은 인생 경륜에서 터득한 성찰과 깨달음에서 독자들에게 이성의 눈을 뜨게 하며 진실한 인생 좌표까지 제시해 주고 있기 때문이다. 이러한 무욕과 탈속의 호연지기 정신은 지난한 삶의 역경에서 터득한 초월자의 모습이다.

　　시는 무엇을 쓰건 아름다워야 한다고 생각한다. 아름다움을 추구하는 자세야말로 화해로움을 추구하는 자세가 아니겠는가. 일련의 시편들을 살펴보면 절망과 좌절로 점철된 생의 순간순간을 냉정하게 포착해 냄으로써 시인이 추구하는 세계, 그 진실성과 정체성이 담겨있는 언어 하나하나가 보다 진솔하고 아름다운 정신세계로 전개되는 것을 발견할 수 있다.

*태초 둥근 심장을 갖고 태어나*
*꽃처럼 즐겁게 살았으나*
*엄청난 허상의 욕망에 사로잡혀*
*판도라의 상자를 열었나니*
*판도라의 상자를 연 순간부터*

*둥근 심장의 울림을 잃고
사각의 심장을 갖게 된 우리는
사각의 불안에 떨게 되었다*

*판도라 상자를 열고
미망을 훔쳐 본 오류를
꽃을 보며 서서히 떨치며
사각의 심장을 다듬어
다시 둥근 아가페의 심장으로 회생을 한 것이니
꽃을 보고 마음 움직이는 이 있다면
아가페의 심장을 다시 회복한 것이리*
"꽃, 판도라상자를 연 오류를 바로잡다." 전문

'사각의 심장을 다듬어 /다시 둥근 아가페의 심장으로 회생을 한 것이니."그에게는 주변 물상이 이미 다변화된 실재의 소품으로 대치된다. 모든 시적 대상물이 이미 실재의 실재성을 대변해주는 침묵의 웅변, 수사적 기호로 다가온다. 시인에게는 이러한 생활적 성찰이 바로 대체된 실재의 이미지가 되어, 애연(哀然)한 기억의 촛불 같은 시어로 다가온다.

체념과 상처로 점철된 이미지가 '인간'들에 대한 연민으로 변형되고 있으며 '사각의 심장을 갖게 된 우리는 /사각의 불안에 떨게 되었다."는 비판의식 속에서도 '꽃을 보고 마음 움직이는 이 있다면 /아가페의 심장을 다시 회복한 것이라."며, 따뜻한 인성과 접목되어 부재를 통한 자아의 정립으로 지향하고 있음을 알 수 있다. 그러므로 끊임없이 시도하는 시인의 탐구정신은 또 다른 승화의 세계를 꿈꿀 수 있기 때문이다.

그에게는 실재와 관념을 희생시키며 드러내는 시적 영토가 있다. 그는 실재를 그대로 드러내기보다는 이미지를 실재시키려 한다. 실재를 이미지로 대신하기보다는 이미지로 실재의 실재성(이것이 곧 부재의 부재성은 아닌가?)을 암시시키려 한다. 그에게는 실재의 의미가 그다지 중요하지 않다.

> *어머니는 나를 배어 시집을 읽으셨고*
> *깨알 같은 시어들을 탯줄로 먹이며 열 달을 지내셨고*
> *태어나서도 가나다라마바사 가갸거겨고교구기*
> *모음 자음으로 자장가를 부르셨다 했다*
>
> *어머니가 뱃속에서 먹여주신 시어들*
> *태어나서 부르셨던 자장가 훈민정음*
> *나를 단정케 했으며 책을 많이 읽고 밥은 조금 먹게 했으니*
> *시는 많이 쓰고 밥은 조금 먹는 배고픈 시인이 되어 어머니를 낭송하고 있다*
>
> *시인*
> *반듯하지 않으면 읽지 않고*
> *곱지 않으면 쓰지 않고*
> *이마저도 애달퍼 늘 어머니를 그리워한다*
>
> *"시인, 어머니를 그리다" 전문*

효심이 가득한 이 시에 나타난 어머니의 상(像)은 '시인'과 더불어 형성된다. 태고의 순수로 잦아드는 모정은 아마도 어머니와 관련된 고향의식과도 이어져 있으리라. 그러기에 시인은 어머니를 '시는 많이 쓰고 밥은 조금 먹는 배고픈 시인이 되어 어머니를 낭송하고 있다'고

표현한다. 김연덕 시인은 인정과 향수의 시인이다. 그는[여울도 울지 않는 강]을 통하여 향수를 달래고 있으며, 작품 [꽃도 신께 기도한다]에서는 '꽃에도 이성이 있다 /그리하여 신도 있다, //하늘로 펼치는 향기 기도가 되고 /순환의 기운이 되어 생동하는 것 /바로 꽃의 태양신에 대한 유일한 기도다." 라고 읊조리며 자연사랑을 고백하고 있다.

김연덕 시인의 작품 세계는 내용면에서 성찰과 깨달음으로부터 비롯된 주제의 선명성이 드러나 있을 뿐만 아니라, 표현 기교면에 있어서도 실감실정의 감각적 표현이 흘러넘친다.

중후한 50대 후반에 걸맞지 않은, 섬세하고 세미한 묘사는 그를 '언어의 조련사' 라 할 만큼 탄성을 자아내게 한다.

*잎새 위*
*깻망아지 한 마리*
*잎새 뒤*
*애벌레 한 마리*

*잎새 끝*
*이슬 한 방울*
*깻잎 밭 가득*
*후끈한 열기*

*깻잎 밭 한가운데*
*헝클어진 머리*
*동네 할머니*
*느린 풀매기*

*잎새 가득 벌레 먹은 구멍*
*듬성듬성 허방마다*
*하늘 풍덩 담겨 있고*
*구름 한 점 둥실 바람 한줄기 분다*

*깻잎 하나에도 흔적이*
*깻잎 하나에도 풍경이*
*깨밭 가득*
*아름다운 생존*

*깨밭 온통*
*생존의 춤판*
*깨밭 가득*
*생명의 공존*
　　　　　*"깨밭 풍경" 전문*

　김연덕 시인의 가슴에는 늘 시심의 불이 켜 있다. 주옥같은 시편들을 탄생시킨 것으로 보아 남몰래 시에 대한 습작수련을 은밀히 하고 있었음에 틀림이 없다. 그는 작시의 달인, 언어의 조련사 품성을 지니고 있다. 김 시인의 안중에 들어오면 나무도 숲도 흙더미도, 보잘것없는 무지렁이도 모두 생명이 붙어 숨을 쉬게 된다. 김시인의 시작노트에서는 이러한 다스림의 미학과 달관의 심성이 시적 자아의 모습으로 형상화되어 청아한 목소리를 내고 있는 것이다.

　이러한 일련의 시상 전개는 보잘것없는 것들을 거기에 생명성을 부여하여 허상에서 희망을 창출해 내는 작가의 긍정적 인생관에서 우러난 결과이다. 흔히들 문학가가 되려면 시골출신이 유리하다는 말을 많이 한다. 향토적 서정과 순수한 시상을 불러일으키는 데는 아무래도 대자연을 접할 수 있는 기회가 많이 주어진 편이 유리하다는 판단이다. 김연덕 시인의 고향은 강원도 원주이다. 그는 시골에서 뼈가 굵었다. 그의 시에 나타난 애틋한 사모(思母)의 정과 고향의식은 그의 문학적 기반을 이루고 있음을 알 수 있다. 시인의 긍정적인 삶의 자세는, 작품 「깨밭 풍경」에서 "깻잎 하나에도 흔적이 /깻잎 하나에도 풍경이 /깨밭 가득 /아름다운 생존." 이 존재한다고 읊조리고 있으며, [수유]에서는 객관적 상관물인 '잡초와 들풀'에 대하여 '그리하여 낮아서 굶주린 들판 / 내 눈높이만큼 쑥 크게 한 게야 /배급을 주고 간 거야 /생존을 주고 한 세상을 주고 수유를 한 거지 /부끄럼 없이 말이지 /낮은 곳, 낮은 곳에 말이지." 라고 하며 무향(無香)의 사물에 향기로움의 의미성을 부여하였다.

김연덕 시인이 버려진 것들에서 새생명을 발견해 내는 것과 같이, 시인은 '나무그늘의 뼈'까지도 발견할 수 있는 안목을 가져야 한다. '돌에서 피를 뽑아낸다'는 김수영의 말과 같이, 척박한 땅에서도 생명의 원형질을 추출해 낼 때, 작품의 가치는 더욱 생명력을 획득할 것이다. 다만, 시어의 절제와 긴장미의 창출, 상징적 비유와 풍자적 수법의 도입, 변증법적 부정미학의 추구 등은 앞으로 김시인 자신의 시적 역량으로 확대해 나아가야 할 과제이다.

*기가 센 터라*
*동자님*
*신녀님*
*보살님*
*붉은 깃발이 높이 솟아 지기를 누르고*
*마른 대(竹)에 매달린 붉은 깃발, 솟대 되어*

*세상을 상세히 살피는 혼찰을 한다*

*약한 심신의 무리를 어여삐 여겨*
*영험도 보고, 효험도 보고*
*살게도 해주는 이끌림의 주술*

*가장 위대하다는 진화의 시대*
*혼돈의 문명 속에 살아가고 있는 우리*
*지금은 스스로 주술이라도 읊어 새겨야만*
*살아갈 수 있는 세태*

*가장 연약한 가슴을 가진 줄도 모르고*
*문명에 빠져 살아가는 혼탁한 육신들*
*우리를 굽어살피는 혼찰*
*붉은 깃발, 휘날림의 보시를*
*잠시*
*생각해봐야 할지도 모른다*
*"혼찰" 전문*

 위기의 시대, 그 상실과 번민을 소재로 하고 있으면서도 끊임없이 조화를 이루며 탐구해 가는 시정신의 발로야말로 이 시대의 모든 불합리성과 부도덕, 불신과 파괴 등으로 상처받은 인성을 회복하고 실종된 자아를 정립하여 부재의 상황을 탈출하려는 극복의지이며 시인의 바람직한 자세가 아니겠는가. 현시대와 부정확한 미래에 대해 우려의 목소리가 담겨 있으며 인간성 파괴에서 나타나는 '나'의 부재와 도시적 삶의 괴리를 질타하고 있으며 상실된 꿈과 오염되어버린 정신세계의 불안을 표현하고 있다.

  마침내 "가장 연약한 가슴을 가진 줄도 모르고 /문명에 빠져 살아가는 혼탁한 육신들 /우리를 굽어살피는 혼찰 /붉은 깃발, 휘날림의 보시를 /잠시 /생각해봐야 할지도 모른다."라며 현실에 대한 우려를 나타내고 있다.

  시인의 시 냄새는 옷에 배지 않는 오드비(eau-de-vie). 타지 않는 촛불 심지 불꽃 내음. 향수인 듯 맡아지고 은은하게 사라지는 뒷맛이 좋다. 그의 시풍을 몽환, 환상, 현실로 묘사할 수 있으나, 너무 일차적 정의인 듯하다. 그의 이차 관문 즉 내성은 바람(風, fashion)으로 들여다 볼 산상 요새가 아니다. 그의 함축적인 표현의 묘와 역동적 심상과 시적 형식이 둘러쳐진 시의 궁성은 상징적 언어 수풀이 그윽한 반곡(盤谷)에 숨어있다.

      절제의 디오니소스는 존경을
      광기에 사로잡힌 디오니소스는
      키워준 은인들까지 해치는 패륜을

      술 마시는 날 내가 마시는 술은
      마음을 씻어내는 혼자만의 정결한 의식
      절제의 디오니소스 존경을 따르는 술잔
      술 마시는 날
      내가 또다시 마시는 술은
      가슴을 쓰다듬는 고요한 내면의 의식
      디오니소스의 패륜을 잠시라도 이해하려는 술잔
      한 잔 술로 굳은 마음 씻어내고
      또 한잔 술로 쓰린 마음 쓰다듬는 목마름의 해학

*그리하여 술 맛 좋은 날*
*내가 마시는 술은 아득하게 세상 비틀거리게 하지만*
*그래도 옳게 머물게 하고*
*거나함의 비틀거림과 풀어진 이성으로도 오히려 나를 온전케 한다*

*절제의 디오니소스 존경을 따르는 술잔 가득*
*나를 굳건하게 또한 온전케 하는 증류된*
*아밀라아제(Amylase)에 의해 당화된 포도당*
*술 맛 좋은 날*
*술 맛 아주 좋은 날*
*디오니소스와 세기를 넘어 취함으로 의기투합한다*
"술, 디오니소스를 따른다" 전문

  사람들은 술을 즐겨 마신다. 사람들의 기호나 체질에 따라 소주를 좋아하는 사람들이 있는가 하면 맥주를 좋아하는 사람들도 있고, 민속주를 좋아하는 사람들이 있는가 하면 직접 담근 술을 좋아하는 사람들도 있으나, 반면 술을 저주의 대상처럼 금기시 사람들도 있다. 그렇다면, 이런 술을 마시는 이유는 무엇인가? 아무래도 술은 물과는 달라 술의 도수가 술을 마시는 사람에게 독특한 전율을 가져다주기 때문이다.

  기뻐서 한잔, 슬퍼서 한잔, 목이 말라 한잔, 심심해서 한잔 등등 술을 마시기 위한 사람들의 핑계나 이유도 여간 많지 아니하지만 어쨌든 술은 세상을 더 아름답고 따뜻하게 만들어가는 촉매제로서 부족함이 없는 물질이다.

  소월은 "술"이라는 시에서 "술은 물이외다/ 물이 술이외다/ 술과 물은 사촌이외다. 한데/ 물은 마시면 몸도 정신도 다 태웁니다...."라고 말하고 있으며, 연이어 술은 부채요, 술은 풀무이며, 풀무는 바람개비

이고, 그 바람개비는 바람과 도깨비의 자식으로 표현하고 있다. 이런 소월의 술과 같은 표현의 느낌이 김연덕 시인의 시에서도 쉽게 보인다.

술은 에너지를 갖고 있다. 그러므로 술은 먹는 사람에 따라 약이 되기도 하지만 독이 되기도 한다.

소월은 술이 몸도 정신도 다 태운다고 하고 있지만 김 시인은 눈과 마음으로 취하며 안으로 안으로만 삼켜버린 의식을 술로 표현한 것을 보면 소월의 시에서는 술이 아무것도 없는 허무를 남기지만 김연덕 시인의 시는 "디오니소스와 세기를 넘어 취함으로 의기투합한다."는 희망이 숨어 있다.

> 우리가 바라는 것은 언제나 살아있다는 것
> 누구나 살아가는 동안 아린 영혼을 전율케 하는 독백 속에서
> 늘 몸서리치고 서 있어도 좋을 일이다
> 우리의 독백이 진한 설움이어도 좋고 아련한 회상이어도 좋고
> 우리의 회상이 엷은 미소로 바늘걸음 하여도 좋고
> 짧은 순간 문득문득 무미건조한 웃음으로 마른 가슴을 겁탈해도 좋다
>
> 살아있는 동안 성황당을 지나며
> 돌 하나를 던지는 낡은 기도라도 온전히 바쳐
> 저승길로 초대되지 않는 선택을 할 수 있는 것만 해도 좋은 일이다
> 인생은 저마다 꽉 채운 듯 살아 온 것 같이 기억되어도
> 누구에게나 얼마만큼은 비어 있는 것
> 아홉수라는 목숨 줄 9살부터 99살까지 아홉 굽이 열 고개
> 쉬이 흘러간 세월을 안타깝게 세어가며
> 생에 한 번 사무치도록 빌어우는 속죄
>               "살아 있는 동안에" 전문

시인의 여린 심성이 어디까지 미치는가를 잘 보여주고 있는 작품이다. 어질고 선한 마음의 눈은 그렇지 못한 사람의 마음까지도 녹여준다. 김연덕 시인의 작품들이 마음을 움직이는 큰 힘을 가진 것도 그 심성이 맑고 여림에 있다. 그것은 아무리 꾸미려 해도 꾸며지지 않는 것이며, 흉내 낸다 할지라도 그것은 어딘가 어색한 법이다. 자연과 내 몸이 하나가 되는 한 눈 한 귀를 가질 때만이 진정한 생명을 가지는 표현이 나오는 것이다.

김시인은 크게 꾸밈이 없는 듯하며, 대단히 솔직하고 담백한 것 같다. 그것으로 수백 편 수천 편의 시를 대신하고 있다 해도 지나치지 않다고 본다. 시간과 공간을 초월하여 인간의 마음을 움직이는 것이 있다면 역시 진실과 선함과 아름다움이며, 그것들은 큰 꾸밈을 허용하지 않는다는 사실을 시인의 작품을 읽으며 새삼 되새기게 된다.

> 세상살이 이치에 순종하는 순리(順理)가 궁극이라는 것은
> 내가 생각하기에 알량한 가식
> 석가모니 예수 노자 맹자 소크라데스 아리스토텔레스의
> 거룩한 법 순리론(順理論)
> 순리(順理)를 마음속에 새기며 따르고 강물처럼 흘러 왔지만
> 나, 늘 허덕이게 하는 것 순리(順理)
> 순리(順理)을 마음에 들이니 수많은 죄악
> 역(逆)으로 정리해야 하는 나만의 숙청(肅淸)
> 나는, 역(逆)이 좋다
> 순리(順理)보다는 역설(逆設)에 빠져 하룻강아지로 산다
> 들숨이 순이라면 날숨은 역
> 순과 역이 반복되어 생명을 이어가는 것을 알았고
> 강물이 동남쪽 물길로 흐르는 것은 순

> 들판 풍요케 하며 북쪽으로 흐르며 응달진 들판을 풍요케 함도 역
> 연어가 바다로 내려가는 것은 순
> 다시 물길을 거슬러 오르는 것은 역
> 바람이 산골짜기를 훑는 것은 순
> 숲을 한바탕 거슬러 회오리치는 것은 역
> 역의 유용함을 좇는 기행
> 순도 좋으나 역함도 좋은 나의 역설(逆設)
> 세상을 순을 흡입하나 역(逆)을 지향하며 깨어있고
> 때론 격양(激揚)한다
> 내 안의 역(逆)의 깊이이다
>
> "난, 순을 흡입하나 역이 좋다" 전문

상생은 역리와 순리가 하나가 되는 것이다. 김연덕 시인의 시적 경향은 자연친화적 성향을 지닌 작가의 정신세계와도 관련이 많다. 작가는 인간과 자연과의 조화를 동경하며 인간은 자연의 품 안에서 상생을 도모하는 존재로 인식하고 있는 것이다.

어떠한 환경과 처지에서도 만족할 줄 알고 감사할 줄 아는 마음을 갖는다면 행복한 사람이다. 질문을 던지고 자신을 스스로 돌아봄으로써 성찰과 반성의 경지로 들어서는 것이다.

김연덕 시인의 상생과 자연사랑 정신은 유별나다. 작품의 곳곳에 생태 환경과 그 상실의 아쉬움을 드러내고 있되 작은 것에서부터 상생과 공생의 시적 감성을 풍부히 드러내면서 도가(道家)의 생태학적 접근 방식을 취하고 있다.

상생은 하나가 되는 것이다. 알밤을 줍는 즐거움으로 끝나지 않고 작가는 떨어진 알밤의 생명성과 공생의 의미성을 노래하고 있다.

일상의 보편성은 늘 한쪽 구석에는 상대적 연민성과 공허함을 지니

고 있다. 사람들이 늘 즐기고 누리는 가운데는 이러한 상대성과 공허함
의 역리 현상이 자리 잡고 있음을 작가는 이미 간파하고 있는 것이다.

    *생명을 부여받은 그날로부터*
    *허공을 부여잡고 마신 세월 몇 날인가*
    *아! 그리도 쉬이 떠나는가*
    *어렵사리 살았건만 내가 이룬 세상 보람*
    *떠도는 흰 구름만 못했는가*

    *보내는 바, 내 인생*
    *가눌 길 없는 비애와 슬픔 어디에 비길쏜가*
    *스스로 터득한 무상의 삶 겨웁게 살다 지고*
    *한 송이 꽃 되어 사륵사륵 날리누나*

    *홀로 서서 세상 쓰임 많다 한들 무엇하리*
    *버티어 온 세월 시름에 젖은 자리 더 많으니*
    *누워 지는 초목처럼 그 길 가면 그만일 터*
                       *"자탄가" 전문*

  김연덕 시인의 작품세계에 드러난 또 하나의 커다란 시맥은 '긍정적 삶의 자세'이다. 흔히들 흥미로운 미적 결과물을 추출해 내기 위해서는 사물에 대한 '부정적 시각'에서 출발하라고 한다. 사물에 대한 비판적 능력이 새로움의 창작 결과물을 창출해 낸다고 보는 관점이다. 김시인의 경우도 척박한 현실에서 비판적인 안목을 지니고 글밭을 일구어 내는 것은 마찬가지이다. 그러나 글밭을 일구어 가는 그의 작시법은 현실에 대한 증오나 비판보다는 역발상의 원리로 긍정과 감사의 향기를

풍긴다. 김연덕 시인은 예지력의 소유자이다. 그는 자연에서 인간과 관련된 의미를 찾아내고 자연의 아름다움이나 생명력이 갖는 관련성을 거침없이 작품 속에 옮겨놓는다.

> 아담이 깊이 잠든 때
> 갈비뼈 하나 하와 되었네
> 뼈로서 피조된 생명
> 전능 속에 이어져 오는 숨결
> 아담의 갈비뼈로 빚어진 생명
> 지금도 유구한 생명을 낳으며 명하고 있나니
>
> 서로 사랑하라고
> 함께 어울리며
> 항상 사랑하라고
>
> 에로스이든 아가페이든
> 서로 사랑하며 번성하는 유인원 되라고
> 지금까지 이어온 생명들도 사랑이 듯
> 절대의 가치 사랑하면서
> 사랑 안에서 명하고
> 사랑 속에서 어울리라고
> 소박하고 생기있던 아담과 하와처럼
> 사랑을 좀 더 아첼레란도(accelerando)
> 음률에 맞춰 사랑하라고
> "사랑, 아첼레란도(accelerando) 음률에 맞춰" 전문

남몰래 사랑하는 것은
산중을 헤매는 관음
남몰래 그리워하는 것도
시공을 혼자 오가는 관음

짝사랑의 불 같은 불변
그리움의 애끓는 상련
외로워 떨어지지 않으려는 관음

헤아려 짝사랑 할수록
기도하며 그리워 할수록
깊은 관음에 신열이 난다

마주할 시간이 찾아오지 않아
눈이 먼 관음
포근히 감싸 안을 시간이 찾아오지 않아
가슴까지 시린 관음

남몰래 사랑하고
남몰래 그리워하는 관음의 영토에
홀연히 상사화 핀다
　　　"관음의 뜨락에는 상사화 핀다" 전문

　예시에서 보이듯 이러한 시적 개성이 그의 서정적 주체성을 독특하게 드러낸다. 그의 시를 통해 서정적 세계관의 핵심을 보려는 독자는 이 시집을 천천히 그러나 맛깔스레 탐독하여야 한다. 특히 시인 밖의 세계를 자아화 시키려는 동화 기술과 자아를 세계화하려는 투사 기술을 동시에 파악해야 한다. 그때야 비로소 독자는 이 시집에서 현대시의 서정적 주체성을 새롭게 발견할 것이다. 그의 주체적 서정성은 시의 사유와 시어가 동시 복합적 의미의 위상과 층계를 오르내린다. 타 시인들이 물들이는 언어성과는 완연히 다른 사유의 깊이와 축적도를 제시한다. 외로움을 통한 자기 내면의 성찰로 사라지는 생의 한순간을 적확, 명쾌, 기질적 언어로 포착해내는 능력이 시인다운 품격으로 나타난다. 이러한 시심은 "이카루스의 꿈을 꾸다."에서도 발견된다.

> 내 야윈 등에
> 순연한 의지로 자라난 날개를 달고 싶다
> 시공을 꿰뚫어 시간을 비행할 순수의 날개 돋아나면
> 하늘로 치솟아 이기에 찌든 몸 내던지고
> 깃털처럼 세상을 날아오르고 싶다
>
> 세상을 새의 눈으로만 보고
> 세상을 순수의 날개만 품는
> 우주의 한 궤적이 되고 싶다
> 화려한 모습을 뒤쫓는 허황에 빠지고
> 욕망에 눈이 먼 이카루스의 자만을 지우고
> 창백한 밀랍의 날개를 가진
> 이카루스의 권능만 빼어 닮아
> 순수의 기도로 자라난 날개를 달고 싶다
>
> 비둘기 날개를 밀랍으로 붙여
> 자유의 날개를 가졌으나
> 끝내는 태양까지 날아오른 이카루스의 만용

> *결국 이카루스의 날개는 녹아 태양 속으로 스러졌지만*
> *땅위에서 바동거리고 탐욕을 쫓아 살아온 이기*
> *이기에 찌든 내 서러움을 던져버리고 털어내는 기행*
> *내 야윈 등에 순연한 의지로 자라난 순수의 날개를 달고 싶다*
> *이카루스의 권능*
> *이카루스의 참 자유만 닮아*
> *나 우주의 한 궤적으로 남고 싶다*
>       *"이카루스의 꿈을 꾸다" 전문*

 그의 시에 센티멘탈한 마음이 존재하는 이유는 이러한 감각적 이미지의 특성을 많이 표현하기 때문이다. 그의 시가 추구하는 표현대상과의 심리적 거리가 아주 극대화되면서 감상적 정서가 살아나기 때문이다. 다만 그의 시에서 아직 현실과 상상의 동일화, 주객관 또는 이성과 감성의 구분조차 일어나지 않는 명징한 서정세계, 상상적 동일화로 자아와 세계가 조화로운 일체감을 보여주는 서정 세계관을 확립시키지 못하는 면이 있으나(이는 어느 시인이나 더욱 추구해야 할 요건이다), 미래의 탁견의 시간에는 충분히 성취하리라고 믿는다. 언어의 기교성과 풍요한 시적 사유와 구조를 만개(滿開)시키고 있다. 단순히 감각적 표현과 자연 동경적 심리 표현성으로 국한되지 않는 점이 그의 가치를 예측해준다.

 이 시집에는 홀로 있는 자의 미학적 표현성과 미래 시의 감수성과 표현성을 나무에 새순 돋듯 마음껏 올려놓고 있다. 이러한 모든 시의식과 표현성을 상고해볼 때, 그의 시집은 전체적으로 사실주의보다는 낭만주의에 더 근사하고, 저항적 참여의식보다는 몽환적 딜레땅뜨(dilletente) 의식이 강하게 드러난다. 그는 입을 통한 언어 설득보다는 귀를 통해 듣는 감상을 전제한다. 혀가 아니라 눈으로, 시어의 화려한

얼굴이 아니라 수수한 마음으로 독자를 설복 감화시키는 접근을 알고 있다. 따라서 독자도 그의 혀와 마음을 눈으로 읽고 귀로 들어야 한다. 그의 탐미적 언어 구사력과 전복적 상상력은 눈감고 내음 맡으며 고요히 명상할 때, 산처럼 다가오는 문장과 수사력에 아름다운 감동을 느낄 것이다.

*태초는 어둠을 먹고*
*어둠으로 태어나*
*혼돈의 소용돌이를 시작으로 세상에 왔다*
*소리없는 어둠 속에선 혼돈을 벗는 빛*
*어둠이 빛을 불러 혼돈을 벗고 빛으로 깨어났다*
*어둠이 부른 빛, 그 빛은 소리없는 어둠을 시작으로 태어나*
*잡히지 않은 빛을 삼키며 시간 속을 흘렀다*
*빅뱅이 되고 소멸되고 생성되고*
*천지는 그렇게 그렇게 세월을 낳았다*
*멈추지 않는 시간을 시작으로 태어난 세월*
*그 세월도 끊임없이 이어지며*
*시간을 타고 시공을 넘어 찬연한, 그리고 거룩한 생명을 낳았던 것이다*

*우리가 태어난 거룩한 기록*
*그러한 우리들의 생명은 끊임없는 시간과 세월을 딛고*
*생명을 낳으며, 또한 착히 번창하며 어울려 살고 있는 것이다*
*영원한 생명에 대한 이야기이다*
*어둠으로부터 혼돈으로부터 빛으로부터*
*시간과 시공으로부터 세월로부터*
*생명까지 이어지는 영원에 안긴*

*우리의 거룩한 생명에 대한 이야기인 것이다*
*매년 새해를 맞아 돌아보아야 할*
*영원한 생명에 대한 자각*
*세상의 평화를 위해 풀어놓는 명료한 기억인 것이다*
　　　"영원한 생명, 평화를 위한 기억 한 장" 전문

　시인의 기억과 영상으로 방안에서 배회하던 시 의식은 밖(사회)으로 향하던 방향과 내면으로 되돌아오는 방향이 같이 어우르면서, "태내"적 어린 추억과 시간의 모태(母宮)로 몰입한다. 동굴 같은 태내 의식으로 기호적인 수면, 즉 "기면(嗜眠)"을 자려한다. 깜빡 깜박 깨어나고 사라지며 다시 일어나는 백일몽의 세계. 피를 흘리는 것은 생명을 바치는 것이요, 거룩한 희생이며 헌신으로 현대판 헌화가의 한 장면을 연상하게 한다.
　시인의 몸속에 깊이 박혀있는 질긴 기억세포 한 장 속에 숨어 있는 질긴 인간애의 실이 풀려나오고 그 실에 매달린 수많은 상상의 편린들이 첫경험처럼 가슴 두근거리게 한다.
　사람이 가는 길은 태어나서 살다가 종국에 세상과 결별하고 돌아가는 하나의 노정, 그것을 우리는 절대로 돌이킬 수 없는 운명으로 맞이한다. 그 운명의 길은 영원히 닿을 수는 없지만 항상 함께 내달리는 외로움의 평행선 같은 철로로 연결되어 있고 그 길을 가노라면 여러 개의 간이역과 건널목을 만나게 되는 것이다.
　그곳을 지날 때 우리는 격한 슬픔을 맞이하거나 시린 고통으로 인내해 나가야만 하는 것이다. 그럴 때 김연덕 시인은 "어둠이 부른 빛, 그 빛은 소리없는 어둠을 시작으로 태어나 /잡히지 않은 빛을 삼키며 시간 속을 흘렀다 /빅뱅이 되고 소멸되고 생성되고 /천지는 그렇게 그렇게 세월을 낳았다 "는 달관자적 자세를 견지하면서 "시간과 시공으로부터 세월로부터 /생명까지 이어지는 영원에 안긴 /우리의 거룩한 생명에 대한 이야기인 것이다."라고 말하고 있다. 세상과의 타협을 부정하지 않고 그렇다고 긍정도 아닌 어쩌면 삶의 길에서 찾는 중용이요, 자신만의 득도를 구하는 하나의 방편으로 볼 수 있다. 그것이 김시인만의 독특한 삶의 주관이며 '예술가는 자신의 독특한 환상을 보여주는 사람'으로 말하는 것과 동일한 맥이라고 할 수 있을 것이다. 독창적이면서도 객관화된 심성으로 표현되는 예술, 그것이 진정하게 우리가 구하는 문학의 본령일 것이다.

김시인의 시는 담백한 맛이 일품이다. 그의 시와 같이 정갈하고 속이 꽉 찬 작품을 찾아내기 위해서는 요란하고 어지러운 언어의 수풀을 오래 헤매야 한다. 그의 시는 언뜻 전통 서정시의 문법에 충실한 듯 보인다. 하지만 그의 시는 전통시의 주요 방법인 동일화의 원리와는 궤를 달리 한다. 그는 예민한 자연 관찰과 꼭 알맞은 연상을 통해 자아와 세계를 새롭게 발견한다. 그는 사는 데 그런 것처럼 시에서도 욕심을 부리지 않는다.

그의 시는 욕심을 넘어서 있다. 그의 시편들에서는 난해함과 암호화된 시적 경향에서 벗어나, 담백한 시의 맛을 선사한다. 정갈함이 묻어나는 김연덕 시인의 언어는 자연사와 인간사의 유추적인 관계를 직관적으로 파헤치고 있다.

그는 자연과 인간을 따로 구분짓지 않으며 남다른 통찰력으로 자연을 관찰하여 이를 시적 언어로 승화시켰다.

시라는 것이, 우리 전체의 존재를 위해 반드시 호명되어야 할 어떤 위대한 꿈과 관련되어 있다는 것을 의심하지 않는다. 언제나 시라는 것은 문학과 관련된 더 거대한 근원의 일부분이라 믿어왔다.

문학은 인간과 문화, 그리고, 그런 거대한 활동의 일부분으로서, 단순히 아름다움을 지향하는 문자적 구축물이 아니라, 선사시대부터 이어져온 예술적 표현을 가능케 한 모든 근원의 일부로서 존재한다는 걸 의심하지 않는다.

자연을 조각내고 부품화한 근대의 인공성과 이성 뒤의 배경처럼 놓여있는 영혼과 신비를 문학이 가져오길 바란다. 또한 우리의 시가 수식하는 언어가 아니라, 수식 받아야 할 '그것'으로 돌아갔으면 한다.

이론과 관념의 유혹을 이겨내고 다시 아이의 심장에서 솟아나온 말들로 우리 시단이 풍요로와지기를 바라며 김연덕 시인의 제2시집 [바람의 변주곡] 상재를 축하드린다.

2012년 8월 8일 장산 바람재 우거에서
전형철 삼가 쓰다.

# 바람의 변주곡

| | |
|---|---|
| 인쇄 | 2012년 8월 25일 |
| 초판 1쇄 발행 | 2012년 8월 26일 |
| 지은이 | 김연덕 |
| 펴낸이 | 전형철 |
| 편집 | GAP |
| 웹디자인 | 김태완 |
| 펴낸곳 | 모던포엠 출판부 도서출판 **채운재** |
| 후원 | 월간 모던포엠 |
| 주소 | 100-861 서울시 중구 충무로2가 49-8 (서울빌딩 202호) |
| 전화 | 02-704-3301 |
| 팩스 | 02-2268-3910 |
| 손전화 | 010-9184-5223 |
| 이메일 | mopo64@hanmail.net |
| 정가 | 10,000원 |

※ 작가와의 협의하에 인지는 생략합니다
※ 파손및 잘못된 책은 교환해 드립니다